Werner Reinhard
SCHERNTHANER

DAS EWIG GUTE **LEBEN**

Eine parallel ablaufende Welt, die aus dem
Verborgenen kommt

novum pro

www.novumverlag.com

Bibliografische Information der Deutschen Nationalbibliothek:

Die Deutsche Nationalbibliothek verzeichnet diese Publikation in der Deutschen Nationalbibliografie. Detaillierte bibliografische Daten sind im Internet über http://www.d-nb.de abrufbar.

Gedruckt in der Europäischen Union auf umweltfreundlichem, chlor- und säurefrei gebleichtem Papier.

© 2024 novum Verlag

ISBN 978-3-99146-471-6
Lektorat: Juliane Johannsen
Umschlagfoto:
Gabriella Gothberg | Dreamstime.com
Umschlaggestaltung, Layout & Satz:
novum Verlag
Innenabbildungen:
Werner Reinhard Schernthaner

Die vom Autor zur Verfügung gestellten Abbildungen wurden in der bestmöglichen Qualität gedruckt.

www.novumverlag.com

Druckprodukt mit finanziellem
Klimabeitrag
ClimatePartner.com/16547-2311-1001

Das
ewig
gute
Leben

ist kein Traum,
sondern die ganze Realität,
die uns allen noch als letzte Option bleibt.

Ich habe sehr lange über alles, was ich hier schreibe, nachgedacht und mir die Zeit genommen, mich damit auseinanderzusetzen, damit ich mich im Nachhinein nicht fragen muss, warum ich es nicht geschrieben habe, sondern dass ich es für mich selber durch das Schreiben wie einen Spiegel vor Augen führe. Nicht jeder kann verstehen, was genau ich hier mit diesem Buch zum Ausdruck bringen möchte. Alles hier Geschriebene ist nicht dafür gedacht, um irgendeinem anderen Mitmenschen meine Denkweisen, Anregungen und Formulierungen aufzudrängen, aufzuzwingen oder damit Menschen zu manipulieren, sondern vielmehr um bestimmte Denkmuster aufzuzeigen, die so noch niemand aufgezeigt haben kann, weil sich der ganze Inhalt hier in diesem Buch auf eine sehr verborgene Welt Erde bezieht, die leider noch nicht existiert, da der Großteil der Menschheit immer noch viel zu viel an gewohnten Denkschemen, Denkmustern und vorgegebenen Lebensbedingungen festhält, sich aber gegen alles Neue komplett sträubt, obwohl die herkömmlichen Lebenseigenschaften niemals das hergeben, was im Vorhinein versprochen wurde. Die Welt, die wir alle kennen, hat vieles vom Verborgenen, dass wir auch im Inhalt gesehen erkennen können. Man braucht es nur alles noch zu erkennen, oder man verfällt, einfach gesehen, weiterhin und immer mehr der Versuchung, die auf nichts Gutes schließen lässt. Es ist nicht immer der unerfüllte Wunsch an viel Geld zu kommen, sondern vielmehr das Unnötige, das nicht mehr nötig im ganzen Leben ist. Der ganze Glanz der Vergänglichkeit im Leben eines jeden Einzelnen, der schon im nächsten Moment erloschen sein kann, wird hier in diesem Buch bis auf das kleinste Detail beschrieben und veranschaulicht, denn das wahre Leben sollte unendlich Bestand haben, um es als das Leben selbst bezeichnen zu können. Nichts ist dann noch vergänglich, nichts zerstört sich dann selber, nichts löscht sich dann gegenseitig aus, nichts ist dann noch vergebens, da alles dann einen echten guten Sinn macht, nichts kann rückgängig gemacht werden, weil es sich sowieso im Guten ergänzt, dieses Leben kann nicht mehr totgemacht werden, denn es lebt ewig, nichts darin ist dunkel, sondern dieses Leben erhellt sich von sich aus selber. Wer kann es fassen, das ewig gute Leben, das nicht mehr sterben kann, weil es sich innerlich von sich selber aus, an allem ergänzt. Was kann dabei nicht als gut gesehen werden, wenn alles, was man dabei tut und wie man lebt, was man dadurch entstehen lässt und wo man dabei ist, ist das absolut Gute, in dem man sich auch immer und ewig befindet. Im ewig guten Leben kann nicht die kleinste Kleinigkeit an negativen Beständen in der menschlichen Seele herrschen oder existieren, denn das ewig gute Leben ist vollkommen und völlig mit guten und wohltuenden Eigenschaften ausgefüllt, das die Seele als Bestand in der guten Materie als Dasein darstellt. Keine Schmerzen mehr, nichts, das wehtun könnte, da Schmerzen bei einem ewig guten Leben nicht mehr existentiell sind. Wer kann schon fassen, was ich hier niederschreibe? Ich sag es euch allen, es ist nicht einfach, das alles zu begreifen, noch viel schwieriger wird es, das alles zu leben, und noch viel schwieriger wird es, die Konstante bis an sein Lebensende auf dieser so vergänglichen runden Welt Erde dabei auch beizubehalten, weil die ganze Welt Erde immer nichts außer Hass für das ewig gute Leben übrig hat, weil es genau verstanden hat, dass es die Richtlinien des ewig guten Lebens niemals so leben könnte, wie es der Wahrheit auch entspricht. Darum kommt alles Schlechte, Sündhafte und Schreckliche zum ewigen Ende, weil alle schlechten Menschen nur noch auf der Welt Erde bis zum ganz nahen und endgültigen Aus hin leben werden. Wir sind alle in eine Welt Erde hineingeboren worden, die uns in Wahrheit nicht will und nie wollte. Eine Welt Erde voller Zerstörungen, die mutwillig von so vielen verursacht werden, dass alles schon mit schlechten Eigenschaften im ganzen

8

Lebenssystem aufgebaut wurde, um die Unterdrückung walten zu lassen, um etwas Vergängliches zu entscheiden, dass wiederum etwas Vergängliches für alle anderen als Grundsatz gelten lässt. So wird schon heutzutage aus der Lüge eine gute und kapitalistische Geltendmachung bei allen anderen zum Tragen kommen, koste es, was es wolle. Einer ist immer noch viel größer als der andere und so weiter und so fort. Doch wie langweilig mir das ganze Leben jetzt schon hier auf der Welt Erde erscheint, ist fast so komisch, wie ich hier meine Worte formuliere. Wie wichtig ist mir mein Leben auf der Welt Erde jetzt im Moment? Überhaupt nicht mehr wichtig, denn ich fühle mich am Ziel meines eigenen ewig guten Lebens und in meinem Innenleben, meiner Seele angekommen. Das Leben auf der Welt Erde erscheint mir unwichtig geworden, da ich voll und ganz begriffen habe, dass mein irdischer Körper sowieso nicht ewig leben kann, aber sich eben nur meine Seele nach dem irdischen Ableben dann auf die neuerliche Reise begeben wird, um in die Materie des ewig guten Lebens zu übersiedeln, um vollständig darin einzutauchen und dadurch eben ewig guten Bestand erhalten wird. Man kann mich hiermit schon als verrückt bezeichnen, aber das macht mir nichts mehr aus, denn wenn jemand wie ich es endlich auch verstanden hat, dass, wenn man eine eigene Lebensauffassung, Weltanschauung und Lebensstil wie ich in sich drinnen entstehen lassen hat, was einzigartig ist, wie alle bisher entstandenen Auffassungen genauso einzigartig waren, dann habe ich auch begriffen, dass man zu guter Letzt auch alleine dastehen muss, Rechtfertigung abzulegen hat, wenn man es dann sowieso mit allem damit nicht zum ewig guten Leben schaffen könnte, da eine Rechtfertigung immer einen negativen Grundgedanken beinhaltet, der im ewig guten Leben niemals Platz finden könnte. Um ewig gut zu existieren, und um wieder alles neu Erhaltene des ewig guten Lebens wieder von Neuem kaputtzumachen, dann findet alles genauso statt, wie es sich derjenige auch zusammengedacht hat, ob gut oder schlecht. Alles kommt bei der Seele eines jeden genauso, wie man auf der Welt Erde auch wahrhaft danach gelebt hat. Wie das dann aussieht, liegt bei jedem Menschen selber. Man braucht nur zu wissen, dass, wenn man im irdischen Leben auf der Welt Erde gegenüber allem und jedem an irdischen Wertvorstellungen und Wertgegenständen komplett an menschlich guten Eigenschaften einzubüßen hat, weil man es auch selber so verschuldet hatte, man dann auch nicht verlangen kann, ein Teil des ewig guten Lebens für immer und ewig zu sein. Ich will nicht einmal irgendjemanden hiermit zu etwas überreden, dass sowieso jeder selber im Laufe des irdischen Lebens zu entscheiden hat, und außerdem hinterlasse ich alles hier Geschriebene sowieso hier auf der Welt Erde zurück. Was würde es mir bringen, wenn ich sowieso verstanden habe, dass jeder einzelne Mensch sich bewusst für das ewig gute Leben vorzubereiten hat, um überhaupt einen seelischen Status zu erlangen, der den Wert als den bezeichnen kann, der dann den Übergang zum ewig guten Leben auch zu vollziehen hat, um 1:1 in die gute Materie überhaupt hineinzupassen, den Weg dorthin überhaupt zu finden, und um in diesem neuen und ewig guten Leben die unzerstörbare Identität in der guten Materie auch zu erhalten. Ich kann niemandem dazu verhelfen, dass dieser Mensch auch ein ewig gutes Leben erhält. Ich kann auch niemanden retten, denn es muss alles aus eigener Kraft kommen, was alles dafür nötig ist, auch selbst erkannt werden, um es auch selbst für immer und ewig anerkannt zu bekommen, von der guten Materie, die keinen Spielraum für negative Eigenschaften zulassen kann, um unzerstörbar zu sein. Nur das ist unzerstörbar, dass wirklich voll und ganz eine gute Materie beinhaltet, da es sich zu 100 % selbst gut ergänzt. Wer denkt, gerettet zu sein, aber es im irdischen Leben auf der Welt Erde nicht schafft, seine komplette Lebenseinstellung nach dem ewig guten Leben zu richten, wird es einfach nicht schaffen, die grundlegenden Anhaltspunkte zu beachten, die zum ewig guten Leben nach dem irdischen Leben führen. Und das Bemerkenswerteste hierbei ist es für Menschen, die tatsächlich jetzt davon sprechen, dass das ewig gute Leben nicht existent sein kann, weil es das nicht gibt. Solche Menschen sind so weit davon entfernt und werden es sowieso nicht schaffen. Etwas als nicht existent zu bezeichnen, weil es unrealistisch sein soll, ist eben genau das, was diese Menschen daran hindert, es erkennen zu können, dass es nach dem irdischen Leben auf der Welt Erde eben für die guten Menschen dann unendlich gut weitergeht, weil man es zu 100 % spüren kann und es auch zu 100 % erkennen kann. Die Welt Erde ist für den Menschen nur der allererste Ausgangspunkt des entstandenen neuen Lebens, das seinen Anfang genommen hatte, aber bereits existentielle Gegebenheiten aufweist, da das irdische Leben eben auch ans Leben gekommen ist. Sobald eine Lebensform einen Körper erhalten hat, hat die ganze Zusammensetzung der Seele Bestand bekommen und wurde zum festen unzerstörbaren Körper, der mit der Hilfe eines festen und guten Materials, der Materie alles Guten, seine unendliche und unzerstörbare individuelle Identität erhält, die unendlich ewig Bestand haben kann. Die Seele ist der wahre Indikator, mit der man sich in der guten Materie dann auch zu dem formen kann, zu dem man möchte, dass man sich formt. Wenn man zum Beispiel in der Nacht träumt, dann arbeitet die Seele während des Schlafes weiter und man kann dabei erkennen, dass sich die menschliche Seele während des gesamten irdischen Lebens auf der Welt Erde immerfort an weiterentwickelt, ohne Unterbrechungen, außer die Seele hat keine feste Zusammensetzung erhalten, weil nicht gut genug damit umgegangen wurde. Denn eine Seelenvernachlässigung hat einen kompletten Verlust der guten Struktureigenschaften im Innenleben der Seele zur Folge, und die Seele verkümmert komplett, bis keine Seele mehr vorhanden ist und mit der Boshaftigkeit des auf den Tag legenden Verhaltens, das nicht mehr gut ist, gegenüber sich selber und auch gegenüber allen anderen Lebewesen. Der seelische Untergang ist die Folge daraus und sie kann nicht mehr gerettet werden, da man mit all seinen Entscheidungen den ganzen Tag lang und jeden anschließenden Tag danach, sich davon nicht mehr erholen werden wird, weil man nicht mehr erkennen kann, welche bösen Lebenseigenschaften den Raum der Seele permanent aufsuchen und zur Unkenntlichkeit verunstalten. Die anschließenden Hilferufe dieser Menschen verstummen schon beim Entstehen und können nicht mehr als gute Existenz erkannt werden, da ihre ganze Seele dadurch komplett im Raum der Seele zerstört wird. Das Leben auf der Welt Erde ist immer nur dazu da gewesen, um die ganze Zusammensetzung der Seele zu festigen und auch wirklich zu erhalten, um wiederum zum nächsten Schritt der ganzen Existenz zu gelangen, die das ewig gute Leben beinhaltet. Nicht jeder kann sich das alles hier auch vorstellen, oder kommt dabei auch wirklich mit, denn es bedurfte vieler Entbehrungen, weil es auch weiterhin bis an mein irdisches letztes Ende hier auf dem Planeten Welt Erde Entbehrungen bedarf, und doch bin ich glücklich damit, dass ich nicht mehr in eine Welt Erde geboren werden muss, die sowieso nicht ewig Bestand haben wird und die den kompletten irdischen Tod auf der Welt Erde bedeuten wird. Und die ersten Anzeichen davon kann man schon überall auf der ganzen Welt Erde erkennen. Alles, was vergänglich ist, ist dem Tod untergeordnet und kann nicht ewig Bestand haben, erhalten oder beinhalten. Im Universum existieren Zusammensetzungen, die gegen alles Schlechte oder Böse resistent sind und unendlich nicht zerstört werden können, da ihre Materie als gut definiert ist. Gut ist immer etwas Wohltuendes, etwas, das nicht zerstört werden kann und etwas, dass sich für immer und ewig ergänzt. Wir alle wissen noch so wenig hier auf der Welt Erde, und wenn zwei verschiedene Parteien auf der Welt Erde existieren, dann wird immer wieder eine der zwei Parteien mit Unverständnis handeln und die andere Partei der Unterwerfung ausgeliefert sein. Es entsteht immer auch eine unausgeglichene Zweimeinungsbilanz auf der ganzen Welt Erde und somit auch immer zwei Seiten der Konfrontation, der Demoralisierung, der Vernichtung und Verfolgung. Wenn in einem Leben wie bei unserem irdischen Leben hier auf der Welt Erde auch die Entscheidung zwischen schlecht oder böse getroffen werden kann, dann kann es keinen ewigen Frieden geben, da sich die ganze Welt Erde irgendwann völlig von den ganzen guten Lebenseigenschaften abwenden wird, weil alles Leben auch sofort verstanden hat, dass es ein vergängliches irdisches Leben auf der Welt Erde hat, das gespickt mit Schmerz ist, wenn man die falschen Entscheidungen trifft. Mir braucht hier niemand glauben, denn das verlange ich hiermit gar nicht. Es ist auch nicht mein Herzenswunsch, dass es nach meinem Buch hier so viele wie möglich verstehen, sondern es obliegt nicht der meinigen Entscheidung, dass es andere auch schaffen, zum ewig guten Leben zu gelangen. Das kann jeder nur selber spüren, sich dafür entscheiden und auch danach leben, auch jetzt schon im irdischen Leben, denn wenn man es im irdischen Leben auf der Welt Erde nicht schaffen kann, dann kann man es auch in Wahrheit nicht schaffen. Man muss schon auch etwas in der Seele spüren, das einen daran wachsen lässt, um es auch zu erkennen.

Es existiert ein riesengroßer Ort im Universum, der absolut keinen auch nur so winzig kleinen Anteil an Schlechtem oder Bösem beinhaltet. Das existiert eben nur auf der Welt Erde und hat seinen speziellen Grund, der das ganze irdische Leben auf der Welt Erde selbst entscheiden lässt, da man sich für einen der zwei Wege entscheiden kann. Der eine steht für alles Gute im Leben und führt buchstäblich zum ewig guten Leben irgendwo in unserem Universum und der andere führt buchstäblich zum ewigen Tod der Seele und der ganzen Existenz der nicht mehr lebensfähigen Formen an erloschenen Leben, dass von sich aus selber entschieden hat, kein Leben mehr zu leben.

Hier auf der Welt Erde existiert immer nur die eine Gegebenheit, nämlich dass es immer einen noch viel Stärkeren geben muss, um einen außerordentlichen und überragenden Lebensstil an den Tag zu legen, den nur die allerwenigsten Menschen auch wirklich und tatsächlich schaffen und der immer auch im ganz großen Stil davon geprägt ist, wie viel Geld, Macht und Ruhm man davon erhält. Im ewig guten Leben ist das alles vollkommen ohne Bedeutung und Relevanz, denn die Gier nach Macht, Ruhm und Geld ist immer noch als eine schlechte Eigenschaft zu betrachten, da es immer um etwas noch viel Besseres und Wertvolleres geht, das nicht ein jeder besitzen kann. Somit werden für das ewig gute Leben alles an irdischen Wertgegenständen als nicht bedeutend gesehen, sondern vielmehr als großes Hindernis dafür, das ewig gute Leben somit auch nicht erreichen zu können. Man muss nach dem irdischen Ableben auf der Welt Erde sowieso alles zurücklassen, was man besitzt, und sogar der Körper, den man ein ganzes irdisches Leben gehabt hatte, muss zurückgelassen werden. Aber wenn die Seele unwiderruflich mit den eigenen Entscheidungen während des irdischen Lebens auf der Welt Erde zerstört worden ist, dann kann man den Weg zum ewig guten Leben nicht mehr gehen, da die Möglichkeit zur Seelenreise nicht mehr vorhanden ist. Alles, was man auf der Welt Erde als gut bezeichnet, ist in Wahrheit für das ewig gute Leben nicht geeignet, weil es in Wirklichkeit nicht gut ist. Ist es dir niemals in den Sinn gekommen, dass unser bestehendes System dazu aufgebaut ist, immer nur schlechte Menschlichkeit an den Tag zu legen? Man muss schon sehr genau hinsehen können, um das zu erkennen, denn alles ist nur aufgebaut, um ein sündhaftes Leben einer kleinen Menschengruppe in der ganzen Gesellschaft zu fördern. Man kann den ganzen Untergang der Welt Erde, der sich bereits in Bewegung gesetzt hat, nicht mehr aufhalten. Und es ist nur noch eine Frage der Zeit, bis das ganze irdische System in sich zusammenbricht, weil genug für alle da wäre, aber es die Machthaber der ganzen Gesellschaften auf der ganzen Welt Erde nicht mit allen Menschen teilen wollen, die Macht nicht verlieren wollen und weiterhin über die Menschheit bestimmen wollen. Doch es ist nur eine ganz kleine Gesellschaft, die diese Machtverhältnisse für sich selber beansprucht und überhaupt nicht versteht oder weiß, dass ihr dadurch jegliche Möglichkeit für das ewig gute Leben nach dem irdischen Leben auf der Welt Erde, von ihr selber zerstört wird, da sich das ewig gute Leben immer nur auf das einzelne Individuum einstellt, wenn das Individuum die gute Materie erreichen konnte. Das irdische Leben auf der Welt Erde ist nur die komplette Vorstufe, wo sich die zwei Seiten des ganzen möglichen Lebens auf der ganzen Welt Erde dann anschließend komplett trennen. Die Spreu trennt sich vom Weizen, kann man auch nicht mehr dazu sagen, da alles Irdische keine Relevanz mehr im ewig guten Leben danach haben wird, weil alles Vergängliche dann komplett zurückgelassen wird und im ewig guten Leben keine negativen Gedanken mehr enthalten sein können, da nur noch Gutes als Existenz vorhanden zu sein hat. Und die Seele des Menschen ist der ganze Schlüssel zum ewig guten Leben, so wie die Seele einen irdisch vergänglichen Körper angenommen hatte, wird die fest gewordene Zusammensetzung der Seele dann, nach dem irdischen Leben, zu seinem neuen und ewig guten Körper in die Ferne reisen, um ein ewig gutes Leben zu genießen, wo keine negativen Gefahren mehr lauern, um die Seele zerstören zu wollen, was aber dann sowieso nicht mehr geht. Kannst du verstehen, wie oft und wie viel man auf der Welt Erde seine eigenen Entscheidungen jemand anderem überlässt, um dann in weiterer Folge immer weniger selbstbestimmend zu sein?

Wie oft sind heutzutage die Wahlen, die immer nicht das gewünschte Ergebnis erzielen, das für die gesamte Gesellschaft ein gutes Ergebnis mit sich ziehen sollte. Man gibt jemandem seine Stimme am Stimmzettel und bekommt immer nur ein noch viel schlimmeres Lebensgefühl vermittelt, das dann im Parlament bestimmt werden wird, das wiederum ¾ der ganzen Bevölkerung in die komplette Unterdrückung manövriert. Man wählt jemanden von einer speziellen Partei, damit diese Person dann für alle der ganzen Gesellschaft die Unterdrückung für die ganze Gesellschaft erst in Gang setzt. Wie schnell die gewählten Personen der speziellen Parteien unter Druck resignieren, ist nicht besonders verwunderlich, denn dann kommen die ganzen Fehlentscheidungen an die Oberfläche. Wer sein eigenes Bestimmungsrecht jemand anderem überträgt, wird mit hundertprozentiger Wahrscheinlichkeit enttäuscht sein, welche Maßnahmen dann von der gewählten Person in Gang gesetzt werden. Im ewig guten Leben ist alles, was man macht, gut. Es existieren keine schlechten Lebenseigenschaften, die einen hemmen, daran hindern, gut zu sein, oder einfach die ganze Lebensexistenz mitbestimmend beherrschen wollen. Im ewig guten Leben kann niemand über einen anderen bestimmen. Das ist nicht mehr möglich, denn das fällt komplett weg, da die Selbstbestimmung das Mittel dafür ist, um das ewig gute Leben im irdischen Leben dann durchzusetzen und sich nicht einer schlechten oder bösen Eigenschaft unterzuordnen. Es bringt überhaupt nichts, wenn man die ganze Welt Erde als Beherrscher auf der Welt Erde anführt, aber nicht verstanden hat, dass das das Schlechteste von allem ist, weil man sich als etwas Besseres sieht als jeden anderen. Besser zu sein als jemand anderes ist immer der komplette Tod der ganzen Akzeptanz seines Gegenübers und macht sich damit nicht beliebt für diejenigen die dem Menschen gegenübergestellt werden. Außerdem gewinnt immer nur ein einziger Mensch bei dieser Regelung und verheißt für alle anderen hauptsächlich einen Verlust. Man hat immer im Hinterkopf, dass es einen immer noch viel Besseren als sich selber gibt, und dass das Leistungsniveau immer noch spezifischer und genauer werden wird, weil die Veränderung des irdischen Lebens ansteht und sich mit dieser Veränderung auch wieder alles so verändert, dass man sich wieder von Neuem auf alles einzustimmen hat, denn wie es das irdische Leben für alle vorsieht, das vielleicht nur wenige Menschen für alle anderen entschieden haben, ist es immer wieder das Mühevollste von allem, sich auf etwas einzustellen, dass man gar nicht so für sich vorgesehen oder gewollt hat.

Jedoch wenn eine große Menschenmasse wie die Menschheit es nicht mehr erkennt, dass diese ganze Masse auf einem komplett selbstzerstörerischen Weg dem Ende entgegengeht, dann dauert es womöglich nicht mehr allzu lange, bis das ganze bestehende System zusammenbrechen wird, weil einfach dabei gar nichts mehr gut funktioniert, dann ist das jetzt nicht mehr weit von der ganzen Menschheit entfernt. Und ich will niemandem Angst machen, doch alle, die nicht erkennen können, dass der Klimawandel von Menschenhand gemacht ist, ist einfach gesagt nur verantwortungslos gegenüber sich selber und allen anderen Mitmenschen, so auch gegenüber der ganzen irdischen Welt Erde. Aber was soll es überhaupt mit dem Klimawandel hier auf der Welt Erde, wenn sowieso alles auf der ganzen Welt Erde der Vergänglichkeit unterworfen ist? Und es gibt keine Möglichkeit, das zu ändern. Verwunderlich ist aber schon, dass ich sehr viel vom ewig guten Leben erkannt habe und sehe, dass dieses ewig gute Leben tatsächlich existiert, und dass sehr viele Menschen auf der ganzen irdischen Welt Erde nichts davon erkennen können, da sie sich selber die Sichtweise dafür jeden einzelnen Moment nehmen, und sich dieser größten Möglichkeit selber berauben, weil sie an allen irdischen für alle negativen Lebensgewohnheiten und Lebenssystemen festhalten, da sie ja davon am allermeisten profitieren, jedoch sich damit komplett gegen das ewig gute Leben stellen und nicht erkennen können, dass nach ihrem irdischen Ableben, ihr komplett letztes Leben für immer und ewig abgelaufen ist. Solche Menschen können mit ihren zerstörten Seelen nicht mehr an ein neuerliches Leben gelangen. Man muss schon bereits im irdischen Leben Vorkehrungen für das ewig gute Leben danach machen, denn ansonsten ist für dieses irdische Leben dann das Ablaufdatum für immer und ewig gekommen und absolut nichts ist dann noch umkehrbar, sondern vielmehr die von sich aus selber mit allen irdisch relevanten Entscheidungen auch somit entschiedenen Entscheidungen für die Bestimmung danach, um das ewig gute Leben erhalten zu können und damit dann nie wieder zu sterben in einem Leben der irdischen Vergänglichkeiten, die einem kein unendliches Dasein vorausbestimmen können, da die Vergänglichkeiten Bestimmung walten lassen.

Wer immer daran denkt, dass das irdische Leben einem alles schenkt, der hat falsch gedacht, da das ewig gute Leben immer und gänzlich vollkommen selbst verdient worden ist. Das irdische Leben ist einfach nicht für eine unendliche Dauer gemacht, sondern eben viel mehr für das große und ganze Aussortieren. Nicht jeder ist dazu in der Lage, ein ewig gutes Leben danach auch leben zu können, denn man hat am genauesten alles so zu beachten, dass es nicht mehr kaputt gemacht werden kann, und zwar von niemandem. Wer denkt, nur einmal zu leben, der macht das auch danach und lebt nie wieder. Alle, die das irdische Leben schätzen und über alles lieben, kommen nicht zum ewig guten Leben, denn wer das Vergängliche mehr liebt als die Dauer der Ewigkeit, der hat vom ewig guten Leben nichts begriffen. Alles Gold, Silber und Edelsteine müssen zurückgelassen werden, doch im irdischen Wert übersteigen diese Materialien den gewöhnlichen Wert sehr viel, aber für ein ewig gutes Leben sind diese Materialien vollkommen irrelevant und bestimmen keine Wertigkeiten, doch vielmehr ist der bewusste Nichtbesitz dieser Materialien bereits im irdischen Leben sehr wohl viel mehr wert, denn die guten menschlichen Komponenten im irdischen Leben verhelfen wiederum zu einem ewig guten Leben danach.

Es werden im irdischen Fernsehen heutzutage jeden Tag Krimis ausgestrahlt, die einfach immer nur den einen Zweck im Hintergrund darstellen, um einen negativen Wert als gut zu definieren, der niemals auch nur ein winzig bisschen gut werden wird. Bei Krimis handelt es sich immer um ein Gewaltverbrechen, das dann jeden Tag um 20:15 Uhr und auch ebenfalls schon am Vormittag gesendet wird, zu einer schieren Endlosschleife in einen guten Kontext gepackt wird, der nach kurzer Zeit bereits zum Alltag aller gemacht wird, ohne die fatalen indirekten Konsequenzen zu beachten, die auf das gesamte Leben auf dem ganzen Planeten Erde damit zukommen. Die Gewöhnung an Kriminalfälle werden jeden Tag veranschaulicht, und so manch jemand in der ganzen Gesellschaft übernimmt diese veranschaulichten Gegebenheiten 1:1 und macht irgendwann seinen eigenen Kriminalfall. Und dabei wird das Alter auch noch immer jünger und immer weniger nachvollziehbar. Die Motive werden immer mehr von Nichtigkeiten beherrscht und ein immer negativeres Leben gewinnt überall auf der ganzen Welt Erde mit immer noch mehr Unverständnis die Oberhand und überzieht irgendwann das gesamte Land und zum Ende auch die ganze Welt Erde.

Wir leben heutzutage nicht mehr weit entfernt vom Ende der Welt Erde. Es handelt sich nur noch um einige wenige Jahrzehnte, vermute ich selber, aber ich kann es auch nicht genau sagen. Wer nicht weiß und verstehen kann, dass sich das ewig gute Leben hinter jeder Bewegung, Entscheidung und hinter jeder Handlung befindet, der ist einfach nicht dafür gemacht und wird nach seinem irdischen Ableben zu keinem neuerlichen Leben mehr gelangen können, da die Zeit der Nachsicht, das ganze irdische Leben auf der Welt Erde bedeutet und auch ist. Ist jedoch diese Zeit ergebnislos abgelaufen, dann sind die Chancen alle aufgebraucht worden, aber dabei nicht genutzt worden. Jede Form der Gewalt, der bewusst verursachten, negativen Handlung gegenüber anderen Mitmenschen, sei es auch nur ein bewusst geäußertes, grundloses, negatives Wort, ein Satz oder Gespräch, das darauf abzielt, um seine eigenen Bedürfnisse zur Geltung zu bringen, gelangen unwiderruflich zur Selbstabtötung der Seele und machen den Weg zum ewig guten Leben komplett kaputt, da das ganze dann ein Akt des Missbrauches der eigenen guten Lebensqualität ist und damit besonders auch sich selber in gleichem Maße infrage stellt, dass der ganze Wert der Wertgegenstände als viel mehr wert bezeichnet wird, als das irdische Leben des Menschen selber. Im irdischen Leben ist eben nichts wertvoller als das menschliche Leben selber, bei Mann und Frau in der gleichen Art und Weise. Und somit bin ich bei der Gleichberechtigung der Frauen angekommen. Wer die Frau nicht akzeptiert, wie der Mann akzeptiert wird, der akzeptiert sich selber in Wahrheit nicht und hat sich noch nicht zu 100 % gefunden und wird sich auch niemals finden können, weil das sanfte Leben einer Frau auch nicht akzeptiert wurde. Die Gleichberechtigung der Frau zieht niemals Nachteile mit sich, sondern vielmehr macht es eine notwendige Hürde der ganzen Gesellschaft des Menschen zunichte, die die ganze Menschheit sowieso nicht braucht, denn wer das Leben allgemein nicht zu 100 % akzeptieren kann, kann sich niemals in das ewig gute Leben hineinretten. Man kann nicht gerettet werden, wenn man sein ganzes irdisches Leben über alles Nötige für das ewig gute Leben nicht beachtet hatte. Ach, was sage ich denn, ein ewig gutes Leben ist keine Errettung, Erlösung oder die allerletzte Zuflucht. Nein, man konnte es sich bereits vor dem irdischen Ableben zu 100% verdienen. Man kann sich das ewig gute Leben auch nicht erkaufen, tauschen oder erwirtschaften. Das ewig gute Leben ist auf jedes einzelne Lebewesen abgestimmt, das wahrlich im irdischen Leben gut gelebt hat, gegenüber allem und jedem. Vergiss das nicht. Jede Form der Zerstörung, sei sie verursacht oder veranlasst worden, zerstört den ganzen Weg hin zum ewig guten Leben. Das Wort Gleichberechtigung sagt ja schon von sich selber, dass alles, jeder und jede Lebensform die gleiche Berechtigung in das irdische Leben hinein mitgebracht hat. Alle, die dann hergehen und trotzdem Unterschiede erkennen und auch wirklich in allem dann machen, verfolgen keinen guten Sinn im irdischen Leben und können nicht an ein ewig gutes Leben gelangen, da sich diese Menschen von sich aus selber ein Hindernis kreieren, um sich noch viel besser als jede andere Lebensform nicht nur darzustellen, sondern auch in Wirklichkeit zu machen. Solche Menschen machen sowieso in allem und jedem immer nur Unterschiede, die den kompletten Verfall der guten Seele bedeuten. Wer im irdischen Leben immer nur die Vorteile gegenüber allen anderen sucht, sucht nicht das ewig gute Leben und wird es auch niemals finden. Es existieren eben keine Vorteile gegenüber einem anderen Menschen und wenn du jetzt erstaunt bist, warum ich das so sage, dann wirst du dich noch sehr viel mehr zum irdisch Guten lebendig machen werden müssen, als du jemals irgendwann zu denken vermocht hast. Jeglicher Erfolg, der im Misserfolg eines anderen Mitmenschen abzielt und auf einer wahren Begebenheit beruht, schmälert das Ankommen im ewig guten Leben enorm, weil das Wetteifern, eine noch viel bessere Leistung zu erbringen, von sich selber ausgeht und nichts mit harmonischer Gleichstellung jedes Menschen zu tun hat, somit den Weg zum ewig guten Leben komplett zerstört und nicht Einsicht zeigt, einen gleichen Wert als der andere Mitmensch aller zu haben, sondern vielmehr das Hervorheben seiner Leistung als Lebensdarstellung gegenüber anderen Mitmenschen darstellt. Wer jetzt denkt, dass man dann gar nichts mehr machen darf, der hat unrecht, denn wer auf ein gesellschaftliches System hört, das schon seit Jahrhunderten und irdischen Jahren zwar Bestand hat, aber in sich selber absolut keine guten Eigenschaften enthält, um auf ewig lange Dauer Geltung zu erhalten, ist mit einer demokratischen Regelung nicht gut genug geregelt, wenn immer ähnliche Kandidaten dafür aufgestellt werden, um den eigenen gesellschaftlichen Wert erhalten zu können und um auf der Plattform Welt Erde überleben zu können. Sobald eine Demokratie Unterschiede vermittelt, ist diese Form der Demokratie irgendwann dem völligen Untergang geweiht. Eine feste Demokratie würde unendlich nicht wieder verändert werden müssen, um das gute Leben zu fördern und für alle Zeiten zu bewahren. Die feste Demokratie ergänzt sich selber aus sich heraus und hat somit eine ganz feste und unwiderrufliche Struktur, die dann für alles Leben unumgänglich gut geregelt ist. Jeder hat drin Platz genug, um seine eigene Identität gut leben und gestalten zu können. Keine Form der Unterdrückung hat an Boden gewonnen, sondern diese feste Demokratie hat für jedes Lebewesen die passenden Lebenseigenschaften integriert und verwaltet nur das gesamte Handeln, Bewegen und Leben des gesamten irdischen Lebens. In der festen Demokratie werden die wahren guten Eigenschaften, Privilegien und guten Gegebenheiten auch tatsächlich danach auf das gesamte ewig gute Leben übertragen und gelebt, weil man verstanden hat, dass alles, was man lebt, auch absolut gut sein kann, um das ganze Leben zu erhalten in dem, wie es handelt, sich bewegt und lebt. Eine feste Demokratie kann nicht existieren, wenn nicht jede Stimme, die darin enthalten ist, das immer wieder gleich gute Ergebnis für alle erzielt, im selben Wert sich selber erhält, der sich dem ganzen Leben gegenüber in gleich guter Art und Weise erhält, wie gut sich alles in allem verhält. Die feste Demokratie lebt von und mit dem gemeinschaftlichen Miteinander, das sich völlig im Einklang von Geben und Nehmen am gemeinsamen Guten darstellt und mit der harmonischen Abstimmung zueinander agiert, handelt und lebt. Es existieren keine Unstimmigkeiten, die einen Einzelnen und damit auch das ganze restliche Leben beeinträchtigen könnten. Es existieren keine Schmerzen mehr in allen Lebensbereichen, die existenziell sind. Schmerzen sind im irdischen Leben dazu da, zu zeigen, dass das irdische Leben zu Ende gehen wird und nicht von Dauer ist. Das ewig gute Leben jedoch beinhaltet keine schmerzhaften Gegebenheiten, die einen sozusagen jeden Moment daran erinnern, dass das irdische Leben ein Ablaufdatum für jedes irdische Lebewesen hat. Die Lebensdauer des ewig guten Lebens ist unendlich und hat kein Ablaufdatum mehr. Ja, ja die Schmerzen des irdischen Lebens sind die Mahnmale der Vergänglichkeit, der endenden Zeit eines Lebens, dass nicht ewig überleben kann, weil es aus purer Vergänglichkeit besteht. Doch wer in der ganzen Vergänglichkeit des ganzen irdischen Lebens das ewig gute Leben und seine ganze Existenz erkennt, der hat das ewig gute Leben erhalten, sich verdient und sich selber bewiesen, denn das genau braucht es auch. Sich selber das ewig gute Leben zu erklären, um nie wieder zu einem Leben der Vergänglichkeit abzustürzen. Ein ewig gutes Leben enthält alles, was für die ewige Dauer von ganzer Bedeutung ist. Das ewig gute Leben ist unzerstörbar, schmerzlos und lückenlos vollkommen in sich selbst im Guten ergänzend. Angst ist eine irdische Eigenschaft, die ebenfalls beim ewig guten Leben nicht existiert, da diese negative Eigenschaft den guten Lebensfluss unterbricht und die Eigenart in sich beinhaltet, nicht ganz zu sein, nicht vollkommen zu sein, nicht vollständig zu sein, nicht selbstsicher zu sein und daran denken zu müssen, dass da noch eine viel größere Kraft im Universum existiert, die einen aus dem Gleichgewicht bringen könnte, zerstören könnte oder am guten Leben hindern könnte. Im ewig guten Leben existiert keine Angst. Die Angst im irdischen Leben ist immer schon dazu da gewesen, um den guten Wert am Leben überhaupt unerkannt zu überdecken, damit man nicht gut leben kann am irdischen Boden der Welt Erde. Die Angst hindert jeden Menschen daran, etwas Gutes zu erkennen, und wenn die Angst bewusst verursacht wird, dann wird dadurch das ganze gute Leben in den kompletten Hintergrund gepresst. Wer die Angst anderer verzerrt, der hat nichts

Gutes im Sinn und kann auch nicht mehr an ein neuerliches Leben gelangen, da sich die Angst selbst verzehrt. Wer in Angst etwas Gutes erkennen will, der ist seiner kompletten Sinne beraubt und wird nicht mehr existieren können, da der gute Selbsterhalt fehlt.

Auch das Essen fällt beim ewig guten Leben komplett weg, denn man braucht sich dann nicht mehr ernähren. Beim Essen muss immer etwas lebendig Pflanzliches oder tierisch Lebendiges sterben, was beim ewig guten Leben keinen Sinn machen würde, denn diese lebenserhaltende Notwendigkeit sollte auf der irdischen Welt Erde auch wiederum keine Notwendigkeit sein, sondern sollte eines der größten Tabus auf Erden sein. Mit dem dauerhaften Töten von Tieren auf der ganzen Welt Erde wird das ganze Lebensklima immer schlimmer und verschlechtert seine ganze Lebensqualität enorm. Warum braucht man beim ewig guten Leben nicht mehr zu essen? Am meisten von allen lebensnotwendigen Eigenschaften am irdischen Leben ist die Ernährung, die Suche danach und das grausame Töten dabei. Es ist nicht gut, ein Tierleben für das eigene zu töten, um sozusagen überleben zu können. Wir alle liegen in dieser Sache sehr, sehr weit hinterher, denn wir alle wären schon ein sehr großes Stück weiter im besseren Zusammenleben, doch so viele in der ganzen Gesellschaft sind dafür einfach nicht bereit und somit auch nicht für das ewig gute Leben. Das ewig gute Leben zu erreichen ist kein Ding der Unmöglichkeit, aber dennoch gehört viel mehr dazu, als dass sich das irdische Leben buchstäblich immer und überall auf der ganzen Welt Erde selbst umbringt und auffrisst. Wenn der irdische Mensch nicht aufhört, Fleisch zu essen, dann kann er auch nicht zum ewig guten Leben gelangen, denn Fleisch zu essen, ist in Wahrheit ein großer Akt der Abscheulichkeit, da man dabei etwas, das vorher noch lebendig war, verzehrt. Wenn das Fleischessen auf der ganzen Welt Erde nicht aufhört, dann wird die ganze Welt Erde nicht mehr sehr lange ein lebendiger Planet sein, sondern vielmehr ein toter Planet werden, der kein Leben mehr bewohnend auf seiner Oberfläche hat. Doch das sinnlose Tiere Töten wird fast ungehindert so lange weitergehen, bis wirklich etwas Fatales für alle auf der ganzen Welt Erde geschieht, da der Mensch dadurch immer mehr seiner guten Sinne beraubt wird, und dieses riesengroße Übel nicht mehr als Übel gesehen wird, da es schon immer der Normalität angehört hatte, doch es existieren heutzutage sehr, sehr viel mehr Menschen auf der ganzen Welt Erde, als es vor mehr als ein paar Jahrhunderten gegeben hatte. Mehr Menschen bedeuten immer auch mehr Probleme beim Zusammenleben und somit prüft das ganze Leben jeden einzelnen Menschen auf alles, um im Zusammenleben alles Leben auf der Welt Erde für jedes einzelne Lebewesen auch bestimmen zu können. Hält sich ein Mensch nicht an die momentanen guten Richtlinien, so hält sich das ganze Leben auch nicht an gute Bestimmungen, um diesen Menschen vor negativen Einflüssen zu bewahren.

So grausam der Mensch das ganze Leben mit dem Fleischkonsum behandelt, so unvorstellbar grausam werden alle verantwortlichen Menschen auf der Welt Erde auch vom ganzen Leben behandelt werden. Das ganze irdische Leben ist nämlich nicht in diese Welt Erde geboren worden, um mutwillig zerstört zu werden und bewusst zu Tode zu kommen. Der Mensch muss verstehen, dass das ganze irdische Leben aufgrund des ganzen Fleischessens nicht zum wahrlich guten Zusammenleben auf der ganzen Welt Erde gelangen kann, weil der Mensch im überwiegenden Maß auf der ganzen Welt Erde das Sagen hat, aber einfach nicht mehr den wahren guten Wert am Leben erkennen kann, da so viele Lebensgewohnheiten als gut empfunden werden, die aber in Wahrheit dem ganzen irdischen Leben keinen guten Wert geben. Solange auf der ganzen Welt Erde Lebensbedingungen der bewussten Zerstörung, des bewussten Tötens von irdischem Leben innerhalb des gesamten irdischen Lebens vorherrschend vollzogen wird, solange kommt das ganze irdische Leben auf der ganzen Welt Erde auch nicht zur Ruhe und wird von Überschwemmungen, Erdbeben, Vulkanausbrüchen in großen Ausmaßen, Wirbelstürmen und jeglichen Katastrophen parallel begleitet, denn wenn sich der Mensch, der das überwiegende Sagen auf der ganzen Welt Erde hat, nicht grundlegend dem restlichen ganzen irdischen Leben gegenüber, nicht zum wahren Positiven ändert, dann kann auch alles andere irdische Leben nicht vollkommen zur Ruhe kommen, um endlich ein viel unproblematischeres Leben gänzlich für alles Leben auch wirklich leben zu können. Ich will damit nur sagen, dass der Mensch im Ganzen gesehen auch die bestimmende Kraft ist, wenn Grausamkeiten den Alltag eines jeden Lebewesens parallel begleiten, obwohl der Mensch es selber momentan noch in der Hand hat, dieses große Übel endlich für alle nicht mehr gelten zu lassen. Somit lässt sich sagen, dass alle vom Menschen zur Bestimmung gebrachten grausamen Lebensbedingungen dazu führen, dass der Mensch auch dazu vom ganzen irdischen Leben zur Verantwortung gezogen werden wird und auch der Mensch dafür in grausamer Lebensbedingung zu Grunde kommen wird. Sehr oft kommen dabei auch viele unschuldige Menschen zu Tode, da das Gleichgewicht des ganzen irdischen Lebens auch wieder ausgeglichen werden muss, um sich wieder im Gleichgewicht zu befinden. Umso mehr bewusste Grausamkeiten in der Tierwelt ablaufen, umso mehr bewusste Grausamkeiten laufen auch beim Menschen auf der ganzen Welt Erde ab, um wie gesagt das irdische Lebensgleichgewicht auch wieder ausgleichen zu können, denn alles irdische Leben ist im Gleichgewicht aufgebaut und im Gleichgewicht angewachsen. Die Grausamkeiten, die in allen Tierschlachthöfen auf der ganzen Welt geschehen, kommen auf den Menschen auf der ganzen Welt Erde irgendwie auch wieder auf die grausamste Art und Weise zurück, denn so grausam der Mensch das ganze irdische Leben behandelt, so grausam überkommt es den Menschen wieder auf der ganzen Welt Erde, mit Gegebenheiten, die der Mensch wahrlich nicht mehr will, die aber trotzdem vom Menschen gemacht wurden. Der Mensch ist mit dem ganzen Fortschritt so dumm geworden, dass er für die selbst gemachten Lebensbedingungen auf der ganzen Welt Erde immer Gründe für seine eigenen Fehler bei jemand anderem sucht und findet, dass das ganze Zusammenleben auf der ganzen Welt Erde immer noch viel schwieriger zu werden scheint, dass irgendwann das ganze irdische Leben keinen lebensfähigen Bereich auf der Welt Erde finden können wird, wo noch irdisches Leben möglich sein können wird. Aber das steht noch in den Sternen geschrieben, da der Mensch noch etwas Zeit hat, dass alles auch zum Positiven für das ganze irdische Leben zu verändern ist und nicht auch noch verschlimmert wird. Und vor allem, wenn der Mensch bei sich selber nicht aufhört, bewusste Unterschiede beim Zusammenleben zu machen, dann kann das irdische Zusammenleben des ganzen Menschen immer nur einen negativen Wert für alle erzielen oder, weil der Mensch das überwiegende Sagen hat, auch bewusst für alles irdische Leben dann auch kreieren. Der Mensch hat bereits vergessen, dass alles im irdischen Leben hausgemacht ist, und auch, dass das auch jederzeit noch vom Menschen selbst zur Veränderung zum Positiven für alles irdische Leben auch wirklich verändert werden muss, damit der positive Wert im ganzen Zusammenleben mit guten und positiven Wertigkeiten gegebenen Bedingungen für das ganze irdische Leben auch tatsächlich gelebt werden kann. Wenn der Mensch aufhört, Fleisch zu essen, dann hören auch irgendwann alle Tiere auf, Fleisch zu fressen. Aber vermutlich will das der Mensch gar nicht, darum wird die Welt Erde auch eher untergehen, als dass sich der Mensch gänzlich in dieser Lebensbedingung ändert, weil er es selber nicht mehr sieht, wie fatal er alles für sich selber entscheidet, nur weil er daran denkt, dass ihm etwas Grausames gar nicht passieren kann, wenn er in einer gewissen Position im Leben angelangt ist. Der Mensch ist in der Position, alles auf der Welt Erde bestimmen zu können, aber schafft es nicht mehr, es für sich auch wahrhaft positiv zu gestalten, indem er auch an alle anderen zu denken hat, bevor er es für sich selber positiv gestalten kann. Denn man ist nun einmal ein kleiner Teil des ganzen irdischen Lebens und alle unvorhersehbaren, grausamen Gegebenheiten sind die Ausgleichformen, die dann im ganzen irdischen Leben entstehen, wenn der Mensch nicht aufhört, grausame Entscheidungen für sich selber als Mitmenschen zu bestimmen und auch tatsächlich zu entscheiden. Der Mensch ist kein Tier, aber der Mensch verhält sich im überwiegenden Maß schlimmer noch als ein Tier, denn das Tier kann nicht so bestimmen wie der Mensch und hat auch nicht die enormen Fähigkeiten wie der Mensch. Der Mensch hat zwar die ganze Bestimmung über die ganze Welt Erde, aber der Mensch ist auf dem Weg, sich selber auszurotten, denn der Mensch mag sich immer noch nicht selber und mit den ganzen Ausgrenzungen, die der Mensch tagtäglich verursacht, kreiert er zur gleichen Zeit auch das allgemein ganze Leben auf indirekt direkte Art und Weise, denn jeder Akt des Menschen hat auch in derselben Zeit des Ablaufes dieser Geschehnisse für alles irdische Leben die damit verursachten schmerzvollen Auswirkungen, die auch tagtäglich so passieren, wie sie passieren. Mit diesen schmerzvollen Auswirkungen zeigen sich auch zeitgleich im ganzen irdischen Leben die Ausläufer des ganzen grausamen

Entscheidungsfehlverhaltens des ganzen Menschen genau so, wie grausam sie auch vom Menschen gegenüber dem anderen restlichen irdischen Leben im Vorhinein entschieden worden ist. Das ganze Leben muss diese schmerzvollen gegenwärtigen Gegebenheiten dann wieder zum Ausgleich bringen und wenn dabei die tatsächlichen Gegebenheiten einen überwiegenden Summenwert an Grausamkeiten ergeben, dann werden diese grausamen Gegebenheiten über die gesamten menschlichen Überdruckventile ausgeglichen, um das allgemeine irdische und auch ganze Lebensgleichgewicht wieder ausgleichen zu können. Ein ausgeglichener Gesamtwert für das gesamte irdische Leben muss wieder erreicht werden, um ein gesamtes Wachstum des ganzen irdischen Lebens zu gewährleisten. Das irdische Leben ist auf Wachstum aufgebaut, doch überwiegt die Sterberate im ganzen irdischen Leben, so kann das gesamte irdische Leben nicht mehr wachsen und nimmt somit an lebenden Lebewesen ab, verliert an Kraft und auch an Dynamik, sodass sich das gesamte irdische Leben zurückbildet und auf einen annehmbaren Wert für alles irdische Leben reduziert hat. Sobald der Mensch seine ganze Stellung in der Position dem ganzen irdischen Leben gegenüber nicht mehr nur auszunützen versucht und es auch tut, solange wird der Mensch im allgemeinen Sinn und Kontext mit seinem ganzen Dasein und irdischen Leben als unglückliches Lebewesen auf der Suche nach dem Glück des ganzen irdischen Grundes des Lebens immer wieder von Neuem auf der Suche sein, an was genau ein gutes Weiterkommen als schlechter Mensch irgendwann wie heutzutage kein gutes Weiterkommen mehr möglich ist, wenn man dazu nicht bereit ist, im gesamten menschlichen Charakter gesehen, um noch immer als gut gesehen zu werden, obwohl sich die ganze Definition von Gut schon längst weiterentwickelt hat, aber der Mensch im allgemeinen Sinn und im allgemein guten Wert schon weit hinterherhinkt, weil der überwiegende Mensch, der sich das Sagen vom Rest der Menschheit erzwungenermaßen genommen hat, nur um regieren und herrschen zu können, ohne davor die Konsequenzen für das gesamte irdische Leben bedacht zu haben und nur deshalb, damit die Unterdrückung des restlichen Menschen vollzogen werden kann, damit der eigene Wert am irdischen Leben einen größeren gegenüber dem Rest der Bevölkerung auch erhalten kann. Die Darstellung eines größeren Wertes gegenüber einem anderen Mitmenschen ist das Zeugnis derjenigen Menschen, die bis jetzt nicht gewusst haben, dass im ganzen irdischen Leben kein einziger Mensch mehr oder weniger wert als der andere vor dem gesamten irdischen Leben ist, denn es ist dem ganzen irdischen Leben gegenüber nicht möglich, dabei auch nur den geringsten Unterschied zu machen, da deshalb keine neuen Menschen mehr in das irdische Leben hineingeboren werden könnten, weil die neue Weiterentwicklung des Menschen dann eine noch viel bessere Lebensform wäre, der es zu 100 % gelingen kann einen zu 100 % guten Wert für das gesamte irdische Leben für alle Lebewesen zu gestalten, wo nicht einmal auch nur die kleinste Kleinigkeit an Negativität existieren könnte, oder im ganzen irdischen Leben Platz finden würde. Genau dann wäre alles Gute möglich und alles Unmögliche das weiterentwickelte neue Gute im Wert für alle und alles im gesamten irdischen Leben gesehen als vollkommen gut zu leben.

Solange sich die Menschheit bewusst selber täuscht, um sich bewusst mit einer Lüge zu befassen, kommt das ganze irdische Leben nicht gut voran, sondern steckt am Nullpunkt der Zeit des gesamten guten Entwicklungsverlaufes fest und entwickelt sich sogar auch noch dabei deutlich zurück. Es entstehen im gesamten irdischen Leben Rückschritte bei jeder Bewegung und das gesamte irdische Leben lebt zwar weiter, aber vollzieht keine weitere gute Weiterentwicklung, denn für den Menschen ist es irgendwann in seiner ganzen Evolution unausweichlich geworden, sich unbedingt gut weiterzuentwickeln, um in der Seele nicht irgendwann tot zu sein und einen vollkommenen Stillstand dabei zu erhalten. Der vollkommene Stillstand der Seele bezeichnet den Zustand des menschlichen Innenlebens der sogenannten Seele und der Lebensquelle entsprungenen Zustandes der menschlichen Seele und seine vollkommene, zu 100 %

während des ganzen irdischen Lebens über vollzogene Unfähigkeit, neuerlich eine gute Veränderung vollziehen zu können, um in der Lage zu sein, sich auch wahrhaft gut in der zukünftigen notwendigen Veränderung zu verändern, damit der gute Wert dabei erkannt werden kann und um überhaupt zu begreifen, dass man gut gelebt hat und lebt. Der Zustand des vollkommenen Stillstandes der menschlichen Seele beinhaltet immer auch den kompletten Stillstand der Weiterentwicklung des guten Wertes am irdischen Leben. Der vollkommene Stillstand der menschlichen Seele bedeutet auch den kompletten Verlust, neuerlich zu einem Leben zu gelangen, man ist mit seinen ganzen irdischen Entscheidungen, seines ganzen Anspruchs auf das kommende, neue gute Leben beraubt und kann auch nicht mehr als Mensch im irdischen Leben wiedergeboren werden, um einen neuerlichen Versuch zu erhalten, noch gut zu werden, um sich gut weiterzuentwickeln. Diese Menschen werden in ihrem seelischen Innenleben dann auch zum Tier und erhalten in ihrer menschlichen Seelendarstellung ein Gemisch von Tierarten jeglicher Art und Weise, da diese Menschen aufgrund ihrer ganzen Entscheidungen nicht mehr menschliche Züge aufweisen können, aber dadurch in ihrer Seele wieder zum Tier geworden sind und nur noch die Gestalten von Tieren in ihrer Seele aufweisen. Der Mensch hat selber daran Schuld, sich vom Menschen zum Tier in seiner Seele zurückgebildet zu haben, dieser Mensch hat es auch selber so entschieden. Menschen, die gegenüber anderen Menschen Unterschiede machen, haben sich innerlich in ihrer menschlichen Seele während ihres bisherigen irdischen Lebens gegenüber allen guten Mitmenschen zum Tier zurückentwickelt und bringen auch keine guten menschlichen Züge mehr an ihr trauriges Dasein, jeden einzelnen Tag und den ganzen Tag lang. Ich mache hiermit keine Unterschiede bei allen Menschen, sondern veranschauliche nur in Wort und Schrift die seelischen Folgen des vollkommenen Stillstandes der menschlichen Seele, sich bei dauerhaften Fehlentscheidungen gegen den Menschen und seine wahren guten Eigenschaften zu stellen, wo anstelle von Frieden der Krieg verursacht wird. Sich für den Krieg im irdischen Leben zu entscheiden, ist die komplette Entscheidung, sich gegen das ganze irdische Leben zu stellen und sich gegen das ganze irdische Leben zu entscheiden, somit hat man auch nicht mehr den Stellenwert eines guten Menschen, weil man sich den damit vollkommen genommen hat. Man ist dann auch kein reiner Mensch mehr und wird gegenüber allen seinen anderen Mitmenschen Verbrechen verüben, um sie auch zum vollkommen innerlich menschlich seelischen Stillstand zu bringen. Der vollkommen seelische Stillstand ist ein Zustand, wo nichts mehr als gut empfunden wird, sich selbst gegenüber und auch in der gleichen Art und Weise gegenüber allen anderen Mitmenschen. Es gelingt nichts mehr Gutes gegenüber sich selber und allen anderen Mitmenschen, die einem begegnen. Schlechte Sachen werden als gut empfunden und im Ganzen gesehen jeden Moment produziert und auf das irdische Leben übertragen. Alles ist schwerfällig, träge und beinhaltet im Ganzen keinen guten Sinn, etwas Gutes seinem Mitmenschen zu tun. Das Verüben an Boshaftigkeiten gegenüber allen seinen Mitmenschen ist das tägliche Handeln des Menschen, der einen vollkommen seelischen Stillstand erlitten hat. Erleidet der Mensch jedoch aufgrund eines Unfalls mit Nahtoderfahrung einen derartigen seelischen Stillstand, dann kann der vollkommene seelische Nullpunkt auch erlitten werden, doch kann es dann auch zu einem bemerkenswerten Phänomen kommen, dass der besagte Mensch dann auch außergewöhnlich gute Fähigkeiten entwickeln kann, jedoch nur dann, wenn davor seine seelische Gegebenheit einen vollkommen guten Gesamtwert ergeben hatte. Dieser Mensch erlernt dann in weiterer Folge sein gesamtes irdisches Leben von Neuem und durchwandert bei sich selber einen Entwicklungsprozess, der im ganzen Leben gesehen ein gutes Gesamtpaket beinhalten kann. Alles, was das Gute an Eigenschaften in der Seele des besagten Menschen vor dem Unfall gewesen war, wird durch den Unfall in der Seele des Menschen komprimiert und dadurch auch immer noch detaillierter und definierter im gesamten Inhalt, an Struktur und im Begriff. Doch das Entscheidende ist dabei, dass der Gesamtwert an Gutem vor dem Unfall völlig und gänzlich gut gewesen ist, da ansonsten immer mehr alle schlechten Eigenschaften zuallererst in der menschlichen Seele überhandnehmen und einen vollkommenen Absturz verursachen, weil der Schockzustand des Verunfallten immer einen ganz langen Zeitraum andauert und verarbeitet werden muss.

Doch wird der vollkommen seelische Stillstand aufgrund der eigenen bewussten negativen Entscheidungen verursacht, dann ist das der Endzustand der menschlichen Seele, die sich zu einem tierischen Gebilde zusammenfügt und nicht wieder menschlich sein kann, da dieser Zustand bewusst aus eigenen Entscheidungen hervorgerufen wurde. Wer wirklich denkt, dass ihm während des ganzen irdischen Lebens absolut keine negativen Folgen geschehen können, der hat falsch gedacht. Alles beim irdischen Leben beruht auf der Wirkung der gegebenen Eigenschaften, die aufeinander wirken. Die Wirkung ist immer entweder gut oder schlecht. Da auf der Welt Erde immer nur 2 Wegmöglichkeiten vorhanden sind, 2 unterschiedliche Wegmöglichkeiten auch existieren und die Möglichkeit für den schlechten Weg eben auch existiert, kann es für das ganze irdische Leben niemals einen Wert im ganzen irdischen Leben geben, der dem Wert für alles irdische Leben als gut gelebt zu werden auch niemals entsprechen könnte, da ebenfalls die Entscheidungsfreiheit bei jedem irdischen Lebewesen vorhanden ist. Die Entscheidungsfreiheit bestimmt das ganze irdische Leben auf der ganzen Welt Erde, aber nicht jeder Mensch lässt heutzutage seinen Mitmenschen auch selber entscheiden. Im überwiegenden Maß werden jedem Mitmenschen aufgrund der irdischen Einflüsse die ganzen Entscheidungen abgenommen, weil es so gut wie möglich dargestellt wurde, aber es in der Realität niemals so gut ist, wie es der ganzen Bevölkerung vermittelt wurde, da im Vorhinein im Hintergrund bereits alles vereinbart wurde, den Mitmenschen zu täuschen, um ihn ausbeuten zu können, um ihn auch unter Kontrolle zu behalten und um die Macht über andere Menschen bewerkstelligen zu können. Alles geht immer fast nur darum, wer die Kontrolle über alle und jeden einzelnen Menschen hat und das Kommando über das Leben zu leben, obwohl das ganze irdische Leben für ein derartiges irdisches Leben in Wahrheit niemals gemacht ist, da alles irdische Leben in die vollkommene Freiheit hineingeboren wurde, aber keinen einzigen Moment des eigenen irdischen Lebens während des gesamten irdischen Lebens niemals auch nur einen einzigen Moment vollkommen frei zu leben imstande sein kann, weil das gesamte irdische Lebenssystem nur für ein paar wenige Menschen so ein befreites irdisches Leben vorsieht, aber eben niemals für das gesamte irdische Leben dieses vollkommen befreite irdische Leben beinhaltet. Das ganze irdische Leben ist von einem guten Wert an Entscheidungen vollkommen abhängig und jeder gemachte Fehler im irdischen Leben ist Zeugnis dafür, dass das ganze irdische Leben eben immer und ewig vergänglich ist und sein wird. Im irdischen Leben wird permanent ein Fehler nach dem anderen gemacht. Viele Fehler werden gar nicht wahrgenommen oder erkannt, aber trotzdem jeden einzelnen Tag mehrere Male pro Tag gemacht. Würde man keinen einzigen Fehler mehr machen, sein ganzes irdisches Leben lang, dann wäre es das ewig gute Leben, das nicht mehr sterben müsste, weil es ewig lebendig ist und weil man bei so einem Leben keine Fehler mehr machen könnte, da es sich aus sich selber heraus gut ergänzen würde. Wie auch auf der Welt Erde alles existiert, was gut oder auch schlecht ist, existiert alles im ewig guten Leben dann nicht mehr, aber eben nur speziell gute Eigenschaften, die auch wiederum das irdische Leben auf der Welt Erde beinhalten, jedoch ohne und restlos befreit von schlechten Lebenseigenschaften. Eine Welt, die keine schlechten Lebenseigenschaften beinhaltet, ist der wahre Suchgrund des ganzen irdischen Lebens auf der Welt Erde, denn warum wohl wollen so viele Menschen weg von der Welt Erde? Die Welt Erde ist für den ganzen Menschen bereits schon zu klein geworden und hat nur noch für den gewissen Menschen mehr als genügend Platz. Es sind die sogenannten auserwählten Menschen, denen die ganze Welt Erde buchstäblich gehört, im Sinne von Besitz. Aber diese Menschen gehören niemals zu dem Kreis des Menschen, der an ein ewig gutes Leben gelangen kann, weil seine ganze Unterscheidung von sich selber gegenüber allen anderen Mitmenschen niemals auch nur annähernd einen gleichen Wert hat und er sich somit selber ausgrenzt, an ein ewig gutes Leben zu gelangen. Ich schreibe alle meine Zeilen hier nicht deshalb, weil ich will, dass die ganze Menschheit an ein ewig gutes Leben gelangen soll. Nein, ich schreibe hier alle meine Zeilen deshalb, weil ich einen guten Grund dafür habe aufzuzeigen, was alles falsch auf dieser Welt Erde gelebt wird, und weil das vorhandene irdische Leben nicht für die Ewigkeit, am Leben zu sein, gemacht ist. Und genau hiermit merke ich gerade, dass nicht ich derjenige war oder noch bin, der auf dem falschen Weg gewesen ist, son-

dern all diejenigen Mitmenschen, die mir mit 100 % ganzer
Kraft an Missverständnissen entgegengegangen sind, da ich
jetzt begriffen habe, dass jede Form von Missverständnis bloß
das eigene Versagen ist, die Wahrheit im ganzen irdischen Leben zu erkennen, dass es bloß die vorgegebenen Verteidigungs-
maßnahmen eines untergehenden Lebensabschnittes derer
sind, die sowieso niemals auch nur annähernd verstehen können, was genau auf der ganzen Welt Erde permanent vor sich
geht und dabei jeden einzelnen Moment sich und seinen ganzen Menschen an einer endenden Lebenssache beteiligen, die
sowieso nicht ewig Bestand haben kann. Und hat man es auch
wirklich zu 100 % verstanden, was das ewig gute Leben bedeutet, dann versteht man auch alles Wichtige beim ganzen irdischen Leben, das immer noch seinen ganz guten Teil dazu bei-
trägt, denn damit wird im irdischen Leben auf der Welt Erde
alles, was zum ewig guten Leben führt, auch als das Wichtigste gesehen, das auch im irdischen Leben bereits gelebt wird.
Das irdische Leben auf der Welt Erde ist die Vorstufe zum ewig
guten Leben, wenn man Mensch bleibt und ein gutes Leben gegenüber allen anderen irdischen Lebewesen auch lebt. Damit
ist nicht gemeint, dass man sich gegenüber allen anderen Mitmenschen Vorteile verschafft, um sich buchstäblich an allem
zu bereichern, denn das ist in Wahrheit kein gutes irdisches
Leben. Es ist nicht gut, wenn von allen Menschen immer nur
ein Einziger auf der Welt Erde mehr als alles Nötige zum irdischen Leben zur Verfügung gestellt bekommt, aber alle anderen bei Brot und Wasser hungern müssen. Doch bei allem im
irdischen Leben zu fasten, bedeutet den guten Weg zum ewig
guten Leben, denn das ganze Fasten bedeutet nicht den Ver-
zicht auf etwas Nötiges, sondern es bedeutet das nicht Annehmen des vorhandenen Schlechten oder Negativen, das den guten Wert nicht entstehen lässt. Wer also fastet, um sich dem
ganzen Schlechten und Bösen dieser irdischen Welt nicht hin-
zugeben, der befindet sich dann somit auf dem wahrlich wohltuenden Richtungswechsel in die richtige Richtung zum ewig
guten Leben hin. Man kann so gut wie möglich bei allem fas-

ten und erhält damit auch einen viel besseren Blick auf alles Wesentliche, dass mit dem ewig guten Leben zu tun hat, aber die Sichtweise ist vergebens, wenn sich der Mensch damit nicht auch noch zum Guten verändert und seine ganze Lebenseinstellung somit auch hin zum ewig guten Leben ändert. Man kann das ewig gute Leben dann auch sehen, das sich dann anschließend nach dem irdischen Leben bereit gemacht hat, das auch nicht an Kraft verliert oder schwächer werden kann. Die Menschheit hat verlernt, sich in wahrlich guter Art und Weise in die Zukunft zu bewegen. Alles ist immer nur in der Überwindung der Unterdrückung aufgebaut und läuft auch zeitgleich danach ab auf der ganzen Welt Erde und warum sollten die Menschen, die das ganze Sagen auf der ganzen Welt Erde an sich gerissen haben, dieses Vorrecht wieder hergeben? Diese Menschen können keinen Wert mehr bei der ganzen restlichen Menschheit erkennen, die nichts zu sagen hat, und auch keinen wahrlich guten Wert mehr erkennen. So wird der Weg der ganzen Menschheit irgendwann komplett auf der ganzen Welt Erde zu Ende gehen und ein ausgebeuteter Planet Erde wird im Sonnensystem zurückbleiben und vollkommen ohne Leben und als nur mehr nicht lebensfähige Einöde absterben, sodass kein irdisches Leben je wieder möglich sein wird. Die Warnsignale der ganzen Welt Erde sind schon mehrere Jahrzehnte über in Erscheinung getreten und verlieren auch nicht mehr an Erscheinungskraft und negativer Auswirkungsverkettung, die überall auf der ganzen Welt Erde bereits zu erkennen ist. Und weil der Mensch dabei so blind geworden ist und sich um diese ganze Welt Erde nicht besonders kümmert, wird es immer schwieriger, der negativen kommenden Wahrheit auf dem ganzen Planeten Erde zu entkommen. Jede Aktion verursacht entweder eine gute oder eine katastrophale Reaktion, die sich dann immer auch auf das gesamte irdische Leben auf dem Planeten Erde aufteilt und auswirkt. Wir alle haben den gleichen Ursprung, aber wir alle haben nicht mehr den gleichen Lebenswert, weil er uns allen genommen wird, und zwar tagaus, tagein, und immer wieder fortan in die Zukunft hineinreicht. Was ist dann los auf der ganzen Welt Erde, wenn die ganzen Ressourcen sich dem Ende neigen, die vom Menschen für das ganze Zusammenleben, die ganze Versorgung und den Energiehaushalt verwendet werden, um überhaupt sozusagen überleben zu können, in der vergänglichen Welt Erde? Wenn nicht das hohe Alter des Menschen den Tod bringt, dann ist es der komplette Kollaps der Lebensbedingungen, die sich von lebenswerten zu todbringenden Lebensbedingungen ändern werden und sich dann immer noch lebensfeindlicher auswirken können, sodass kein irdisches Leben mehr auf dem gesamten Planeten Erde möglich sein kann. Aber der Mensch wird schon was erfinden können, eine Zeitmaschine vielleicht, oder irgendeine andere Maschine, um das irdische Leben auf der Welt Erde für die Zukunft zu sichern, aber im Moment geht die ganze Menschheit ihrem Untergang entgegen, denn die Menschheit weicht davon nicht ab. Solange die Menschheit mit Krieg gegen sich selber kämpft, oder Krieg verursacht irgendwo auf dem ganzen Planeten Erde, solange kann man erkennen, dass sich die Menschheit selber bekämpft und es nicht wahrhaben will, etwas, das als falsch in der ganzen Menschheitsgeschichte gilt, endlich vollkommen zu beenden, um überhaupt noch eine Chance auf ein Überleben auf dem ganzen Planeten Erde gewährleisten zu können, weil der ganze Organismus Mensch damit auch nicht vollkommen gesund ist. Die ganze Menschheit produziert so lange Krieg mit sich selber, solange nicht eine noch viel schlimmere Lebenssituation auf die ganze Menschheit zukommt. Der Wert der irdischen Menschheit auf dem ganzen Planeten hat keinen sehr hohen Stellenwert bekommen, obwohl jeder Mensch auf der ganzen Welt Erde einen der größten Stellenwerte haben sollte, nimmt das gute Zusammenleben im guten Kontext immer mehr ab und es wird schon als nicht mehr wichtig gesehen. Solange sich der Mensch wie ein Tier verhält auf der ganzen Welt Erde, solange wird der Mensch auch nicht ganz als Mensch gesehen werden können, da der Mensch das ganze Sagen auf der ganzen Welt Erde hat, sich aber im überwiegenden Maße wie ein Tier verhält und auch so

lebt, weil sich seine menschliche Seele bereits zum Tier zurückgebildet hat, denn der gute Mensch lebt nicht wie ein Tier und
verliert auch nicht an guter Menschlichkeit im guten gemeinsamen Dasein des irdischen Lebensalltags auf der ganzen Welt
Erde.

Dann gibt es auch noch die Menschen, die andere Menschen
schlechter behandeln als ein Tier, aber ein Tier dem Menschen
vorziehen, bei allen Lebenslagen die auf dem Planeten Erde existieren. Es ist wirklich erschütternd niederschmetternd, wie sich
sehr viele Menschen gegenüber ihren Mitmenschen verhalten,
denn es ist nicht gut, wenn man Konflikte bei seinen Mitmenschen entstehen lassen will und das bewusst in eine negative
Richtung lenkt, damit der gegenüberstehende Mitmensch in al-

lem benachteiligt wird und an der entstandenen Krafteinwirkung zerbricht. Leider geschehen diese negativen Krafteinwirkungen auf bewusstem Wege und nehmen bewussten Einfluss auf den besagten Mitmenschen, sodass sich auch noch sein gutes Verhalten zu einem negativen verändern könnte, was wiederum bereits als indirekten Mord am Mitmenschen zu gelten hat, da auf bewusstem Weg versucht wird, den Mitmenschen bei allem zu unterdrücken und zu benachteiligen. Wer nicht versteht, dass wenn man auch nur einem Mitmenschen bewusst etwas Schlechtes zufügt, sei es in Wort oder im Handeln, der kann nicht daran denken, sich ins ewig gute Leben retten zu können. Und wer auf einen Retter wartet, der wartet so lange, bis dieser Mensch erkennt, dass kein Retter kommen wird, weil das ganze irdische Leben dafür überhaupt nicht gemacht ist. Es kann keinen Retter der Welt Erde geben, da wir alle als gleichwertig gesehen werden und alle, die sich als die Retter der Welt Erde präsentieren, sind die Betrüger dieser Welt Erde, denn jedes einzelne Lebewesen ist dafür gemacht worden, dass dieses irdische Lebewesen, wie der Mensch es ist, auch selber in der Lage ist, sich retten zu können. Es ist niemandes Aufgabe, alle anderen Menschen zu erretten, wenn jeder einzelne aller Menschen alles für eine eigene Rettung ins ganze irdische Leben in die Seele mitbekommen hat, um den guten Weg auf der Welt Erde zu erkennen, dauerhaft ein gutes irdisches Leben führen zu können, und es auch erkennt, dass nach dem guten irdisch gelebten Leben das wahre ewig gute Leben zu leben beginnt. Jeder Mensch, der einen anderen Menschen vor etwas irdisch Todbringendem zu retten vermag, der handelt wahrlich gut gegenüber seinem Mitmenschen, doch niemand kann die Seele eines anderen Menschen retten, weil wir Menschen mit unserer Seele alle gleich sind. Jedoch wer sein irdisches Leben als guter Mensch gegenüber allen anderen irdischen Lebewesen lebt, der bekommt immer mehr von der Krafteinwirkung des ewig guten Lebens in seiner ganzen menschlichen Seele und lebt bereits zu irdischen Lebzeiten in das ewig gute Leben hinein. Es kommt auch kein Retter in das irdische Leben, um das ganze irdische Leben zu retten. Wer denkt, dass Jesus Christus der Retter der Welt ist, der denkt falsch, denn Jesus Christus hat nur für alle Menschen die Vorgabe des nötigen Guten gegeben, das jeder Mensch selber auf das irdische Leben zu übersetzen hat, um sich damit selber zu retten und um das ewig gute Leben zu erreichen. Jesus Christus hatte an das ganze menschlich irdische Leben alles Nötige an Gutem verkündet, das Jesus Christus auch selber jeden Tag ganz und vollkommen während seines irdischen Lebens über zu 100 % vorgelebt hatte. Darum wurde Jesus Christus auch das Sinnbild alles Guten, aber jemanden retten zu können, der permanent bewusst sündigt, der nicht das Gute jeden Tag seines irdischen Daseins auch wirklich an den ganzen Tag legt, der ist nicht mehr in der Lage, seine Seele zu retten. Dafür gibt es keine Rettung, da sich die Seele des bewusst sündigenden Menschen komplett verformt und als Mensch nicht mehr zu erkennen ist. Jesus Christus war ein Mensch, der alles aufgezeigt hatte, was am damaligen irdischen Leben schon nicht gut gewesen ist, damit man ein seelisch ewiges Leben erhalten kann. Aber das ewig gute Leben, das ich hier beschreibe, bekommt mit der guten Seele am Ausgangspunkt, der Quelle allen Lebens, die Möglichkeit für das ewig gute Leben mit der Seele, die zum Körper geworden ist, weil die Seele mit der Wanderung zum Lebensquellort zurückgekehrt ist und mit der lebendigen Masse und der guten menschlichen Seele einen neuen und ewigen Körper formt, der unzerstörbar ist und auch nicht mehr dem Prozess des Sterbens unterworfen sein wird. Im Universum existiert alles, sogar alles, was man jetzt noch nicht erkannt hat, aber das eben auch so gut sein kann, dass man es unendlich nicht wieder zerstören kann, denn man braucht nur danach im Universum zu suchen. Und da ich schon mein ganzes irdisches Leben danach gesucht hatte, konnte ich das ewig gute Leben für mich selber finden, was ich auch in meiner Seele seit mehreren irdischen Jahren schon spüre. Ich hatte mich im irdischen Leben vor mehr als zwei Jahrzehnten auf eine Seelenwanderung gemacht und im Universum nach meiner Ursprungsquelle gesucht und gefunden, denn das spürt man dann 1:1 in der Seele, weil man sich alles, was vorher im ganzen irdischen Leben als nicht wirklich gut empfunden wird, dann im Großen und Ganzen selbst erklären kann. Und weil ich immer schon meinen eigenen Kopf habe und meinen eigenen Weg gegangen bin, habe ich gelernt, mir alles, was mir keiner erklären kann, selber zu erklären. So habe ich darin schon mehr als 1 Jahrzehnt Erfahrung, mir selber das Unerklärliche, was mir niemand erklären kann, zu erklären, und ich bin darin sehr gut geworden, jedenfalls bei allem, was den guten Menschen betrifft. Ich kann gar nicht genug sagen, wie sehr ich mit meiner Seelenwanderung meine eigene Ursprungsquelle gesucht hatte. Meinen eigenen Ausgangspunkt meines eigenen ganzen Lebens zu finden, war für mich das Bemerkenswerteste meines jetzigen irdischen Lebens, denn danach bemerkte ich nach und nach fast alles, was auf der ganzen Welt Erde falsch läuft und die Menschen falschen Lebenseigenschaften hinterherlaufen, aber in Wahrheit nicht wissen oder verstehen, dass sie sich auf dem falschen Weg befinden und es schon gewohnt sind, falsche Lebenseigenschaften und Lebensgewohnheiten zu leben, zu vermitteln und auch noch anderen aufzuschwatzen. Etwas, das unmöglich ist, ist mir damit damals gelungen, aber ich hatte es auch noch niemandem erzählt, dass ich das so gemacht hatte, sondern hatte alles nur rein mit mir selber ausgemacht, auch alles, was dafür nötig gewesen war. Umso weiter ich mit meiner Seele gereist war, umso mehr bemerkte ich bei mir selber und auch beim ganzen irdischen Leben, dass alles, was mir vorher als wichtig erschienen war, mir anschließend nichts mehr wert war, da ich erkannt hatte, dass auch ich immer noch ein Mitläufer im ganzen irdischen Leben gewesen war, und dass ich nach wie vor falsche Lebenseigenschaften an den Tag legte, die ich dann erkannt hatte, aber sofort nicht mehr auf mein irdisches Leben übersetzte. So machte ich alles in meinem neuen irdisch guten Leben mit mir selber aus, denn ich bekam auf alle meine Lebensfragen von niemandem eine aufschlussreiche und wahrhaft gute Antwort, da es mir auch keiner erklären konnte. Ich war im Großen und Ganzen mit mir sehr lange alleine, aber ich brauchte jede einzelne irdische Minute davon. Mir braucht das alles keiner glauben, aber ich weiß das alles für mich selber und das allein genügt mir voll und ganz, aber dass ich es hier schreibe, gibt mir auch wieder die Bestätigung von alldem, was ich in meinem irdischen Leben bis jetzt gelebt habe, und zeigt mir wie ein Spiegel mein eigenes lebendiges Spiegelbild, das mir alles auch noch dazu bestätigt, denn wenn es alles niedergeschrieben ist, erhält meine irdisch menschliche Seele bereits in meinem jetzigen Leben eine gute und feste Struktur, sodass ich mich immer mehr für all meine ganzen Mühen freue und weil ich weiß, dass ich es für mich selber schon geschafft habe. Man bemerkt es auch voll und ganz, wenn die Seele unzerstörbar geworden ist und in einer sich immer mehr gut weiterentwickelnden Art und Weise auch weiterentwickelt. Wirklich ganz kann mich sowieso niemand verstehen und alle schlechten Menschen, die ihre menschliche Seele zurückentwickeln lassen haben, können mich gar nicht verstehen und all das weiß und kann ich verstehen, denn besonders wer alles Mögliche auf der Welt Erde als unmöglich bezeichnet, der hat dazu auch keinen Begriff, weil dieser Mensch, der auch das ewig gute Leben niemals gesucht hatte, es so auch niemals finden wird. Schlechte Menschen, die böse Handlungen gegenüber ihren Mitmenschen verüben, verurteilen sich mit jeder bösen Handlung immer mehr, bis in ihrer ganzen menschlichen Seele nichts Gutes mehr übrig bleibt und sich damit ein Gebilde von Tierarten aller Art in ihre menschliche Seele manövrieren, sodass es ihnen nicht mehr möglich ist, ein ganzer Mensch zu sein, weil diese Menschen optisch wie ein Mensch aussehen, aber für all ihre ganzen Mitmenschen überhaupt nichts übrig haben. Sie können somit auch nicht mehr ans ewig gute Leben gelangen, da sie sich mit ihren bösen Entscheidungen alle guten Möglichkeiten in ihrer menschlichen Seele damit für immer und ewig zerstört haben. So ist bei diesen bösen Menschen niemand anderes daran schuld außer sie selber. Aber da der irdische Tod dem ganzen irdischen Leben unterworfen ist, kann alles, was ich hier beschreibe, auch erst nach dem irdischen Tod zu 100 % genau gesehen werden, denn dann trennen sich Gut und Böse für immer und ewig. Aber wenn ich schon solche Worte hier im irdischen Leben formuliert habe, dann existiert dabei schon jedes einzelne Wort dadurch, da ich jedes einzelne Wort davon auch mit dem Schreiben ans Leben gerufen habe. Und ich weiß auch, dass alles, was ich hier schreibe, nicht leicht zu verstehen ist, in einer Welt Erde, die im überwiegenden Maße falsche Lebensgewohnheiten lebt und an jüngere Menschen weitervermittelt, ohne dass erkannt wird, wie fatal sich so ein irdisches Leben schlechter als schlecht auf die Seele des Menschen auswirkt. Es hängt sehr viel von den Lebensgewohnheiten ab, die man sich im Laufe der Zeit aneignet, denn es können gute Eigenschaften dabei sein, oder eben sehr schädliche negative Eigenschaften gelebt werden. Es geht auch nicht darum, der Beste von allen zu sein, denn das ist nur der falsche Begriff, den diese Welt benutzt, um nicht die Wahrheit leben zu müssen, oder unterstützen zu müssen, denn die Wahrheit würde allen Menschen immer nur guttun und allen Menschen würde es mit der Wahrheit viel zu gut gehen. Wenn jeder Mensch als der Beste gelten würde, dann würde es auch wieder nicht passend sein, denn dann würden sich die Maßstäbe aller Menschen ins Kopflose hinein überschlagen und bei allen überhandnehmen, die immer noch besser sein wollen. So sollte auch kein Mensch als der Wichtigste bezeichnet werden, da jeder Mensch auf der Welt Erde wichtig ist, der das wahre Gute im Leben auch lebt. Wer nicht begreifen will, dass das Gute am irdischen Leben nicht der ganze Besitz ist, sondern die menschlichen Eigenschaften, die das gemeinsame Wohlbefinden im allgemeinen Umfang dementsprechend ausbaut, dass kein einziger Mensch jemals wieder auch nur eine kleine Winzigkeit an schlechten Lebenseigenschaften in seinem gesamten irdischen Leben vorfindet, um daran jämmerlich zugrunde zu gehen. Wie viel Mist die ganze Menschheit jeden momentanen Augenblick produziert, ist wahrhaft bemerkenswert, denn es werden in Filmen überwiegend schlechte Lebensbedingungen dargestellt, denen man auf immer schwierigeren Lebensbefindlichkeiten zu begegnen scheint und denen man zu entkommen hat, die aber, so scheint es immer, die gleichen Gesamtinhalte haben, um der unterdrückten Menschheit einen schier ausweglosen Kampf ums nackte Überleben in der irdischen Welt Erde zu übermitteln. Dann existieren auch noch viele Menschen, die in ihrer menschlichen Seele gar keine menschlichen Eigenschaften mehr haben, aber eben eine Ansammlung von tierischen Gebilden aufweisen und nicht mehr wie ein Mensch handeln oder leben, sondern wie ein zum Tier gewordener Mensch.

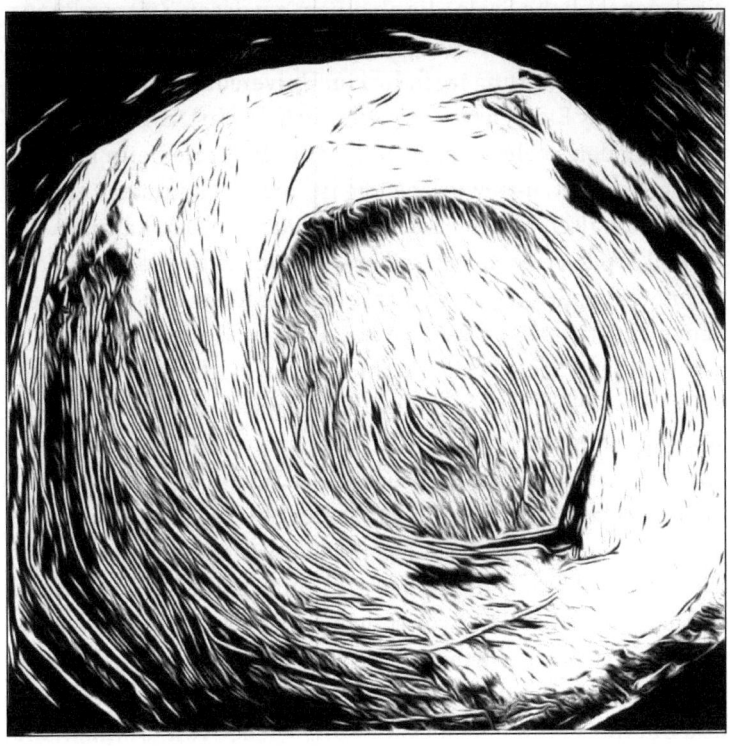

Im ganzen irdischen Leben des Menschen haben sich die zwei möglichen Seiten gänzlich vermischt, wie man sein irdisches Leben zu leben vermag, denn es werden heutzutage für einen schlechten Charakter gute Worte verwendet und für einen guten Charakter schlechte Bemerkungen gemacht, die einen ins totale

Abseits abgleiten zu lassen scheinen, da der Großteil der Menschen gar keine guten Lebenseigenschaften mehr zulassen kann, da sie selber durch und durch ein schlechtes Leben auch leben wollen. Diese Menschen wissen auch zu 100 %, dass sie sich alle Möglichkeiten zu einem neuerlichen Leben in ihrer menschlichen Seele zerstört haben und dementsprechend negativ handeln, sprechen und leben sie danach, dass nach ihrem irdischen Ableben alles zum kompletten Ende kommt. Solange der Mensch ein eigenes gutes Bewusstsein hat, so lange hat der Mensch auch eine menschliche Seele, die ab einem gewissen Zeitpunkt zur unzerstörbaren Struktur übergeht und nach der anschließenden Seelenwanderung irgendwo im Universum zum Ausgangspunkt seiner Existenz, der Quelle zurückkehrt, um für immer und ewig den Seelenkörper in der Quellmaterie beim Eintritt der Seele erhält, der ewig lebendig ist und einen unzerstörbaren Körper erhalten hat, aber auch nie wieder sterben kann, da die Seelenkörperstruktur sich selber erhält im zeitlosen Dasein des ultimativen guten Lebens, das kein Ende mehr hat. Und bei einem ultimativ ewigen Leben muss dann auch alles passend sein in der ganzen Seele, weil es dann auch ewig lebendig ist, so wie es ist. Die Menschheit spielt heutzutage mit dem Leben und dem Tod, aber kann dabei nicht einmal ansatzweise erkennen, dass das nicht zum ewig guten Leben führt. Ich bin bei fast allem in meiner ganzen irdischen Vergangenheit bei meinem jetzigen irdischen Leben gegen alles Vergängliche gegangen und so schwer ich mir alles damit gemacht hatte, so einfach und leicht erscheint mir jetzt alles. Ich hatte vor einigen irdischen Jahren schon angefangen, in meiner menschlichen Seele ewig zu leben, denn ich hatte mich alleine auf meine Seelenwanderung gemacht gehabt und bin mit meiner Seelenwandlung wieder vollkommen und ganz zurückgekehrt auf die Welt Erde, obwohl ich am allerersten Anfang nach meiner Wandlung nie mehr wieder zurückkehren wollte, weil ich zu 100 % gemerkt hatte, dass alles Irdische des Lebens vergänglich ist, aber ich es in meiner menschlichen Seele nicht mehr war. Jetzt im Moment bin ich einer der glücklichsten Menschen auf dem ganzen Planeten Erde, denn allen wahrhaft guten Menschen ist es gegeben, nach dem irdischen Ableben das ewig gute Leben zu leben, aber den schlechten Menschen ist das ewig gute Leben verwehrt geblieben. Somit bekommt alles irdische Leben eine wahrhaft gute Gerechtigkeit, die dann wieder beide Seiten wie gut und schlecht für immer und ewig trennt, damit das ewig gute Leben ewig lebt. Das irdische Leben wurde mit gut und schlecht zusammengebracht, um dann für ewig getrennt zu werden und nur mehr das Gute am Leben zum ewig guten Leben gelangen kann. Wer jedoch einmal gut ist und dann wieder schlecht, der kann ebenfalls nicht zum ewig guten Leben gelangen, denn der Mensch hat seine ganze Seele zum Guten zu bringen, ansonsten wird das ewig gute Leben nicht erreicht, weil alles Gute zu 100 % an Gutem in der menschlichen Seele bereits vor dem irdischen Ableben vorhanden sein muss, ansonsten gibt es kein ewig gutes Leben. Das ist das Geheimnis des ganzen irdischen Lebens auf der ganzen Welt Erde und absolut niemand kann das ändern, noch bestimmen oder sich erschwindeln, denn das sind 100 % Gewissheit, dass allem Guten des irdischen Lebens auch noch das ewig gute Leben gegeben ist, aber dem ganzen Schlechten nichts weiter als Schlechtes übrig bleibt. Wenn der Mensch es verabsäumt, sich nicht gegenüber sich selber in allem dem wahren Guten zu zuwendet, dann verkümmert bald alles Gute auf der ganzen Welt Erde, sodass der Planet Erde ebenfalls vom Guten ins Negativ verkehrt wird und das ganze irdische Leben zu leben aufhören wird. Und alle Menschen, die behaupten, dass man nichts daran ändern könnte, lügen ganz einfach, da alle, die der Lüge verfallen sind, weil sie der Wahrheit nicht im Geringsten standhalten können. Ich kann gar nicht genug sagen, wie sehr ich will, dass die ganzen Grausamkeiten des Menschen aufhören, denn dann würden sogar hier auf der Welt Erde für jeden einzelnen Menschen Lebensbedingungen herrschen, die so gut sind, dass kein einziger Mensch eines schrecklich leidvollen Todes zu sterben hätte. Aber das ganze Erbarmen des bestimmenden Menschen ist so gut, als wenn gar nichts geschehen würde, sondern auch noch bewusst verursachte Gräueltaten, die am Mitmenschen verübt werden sind an der Tagesordnung. Solange sich ein Volk über ein anderes erhebt, wird die ganze Welt Erde nicht zur Ruhe kommen und muss im Gegenzug zu seinen Grausamkeiten einen ausgeglichenen Lebenswert erhalten, wo sich die gesamten Verluste im Gleichgewicht befinden, und deswegen ist der Mensch auch so lange nicht bereit, ein vollkommen gutes irdisches Leben auch wirklich leben zu können. Wer unendlich leben will, aber seinen Mitmenschen nicht erkennt, der kann auch nicht unendlich leben, darum existiert der irdische Tod, der gut und schlecht für immer und ewig trennt. Und wem die ganzen irdischen Mühen zu viel sind, der wird sich nicht im ewig guten Leben wiederfinden. Der Mensch will vielleicht den Code der menschlichen Unendlichkeit entschlüsseln und versteht aber nicht, dass der menschliche Körper nicht für die Unendlichkeit geschaffen ist, doch es auch niemals in der Zukunft sein kann. Doch im irdischen Leben auf der Welt Erde ist alles vom ewig guten Leben enthalten und man braucht sich nur danach richten, dann erhält man bereits im irdischen Leben auf der Welt Erde in seiner menschlichen Seele alle Komponenten, die für ein ewig gutes Leben nötig sind, und wird nach dem irdischen Ableben das wahre Leben auch erleben und leben können. Die Welt Erde ist wunderschön und bemerkenswert genial, aber alles, was Fehler beinhaltet, ist nicht für die Ewigkeit geschaffen, denn wenn auch nur ein einziger Fehler im Körper der Seele existiert, existiert auch auf der gleichen Basis die ganze Zerstörung des ganzen Körpers der Seele. So kann man dabei erkennen, dass das ganze irdische Leben auch auf einem fehlerhaften Code beruht, der im Laufe der ganzen menschlichen Evolution so entstanden ist und das irdische Leben auch somit irgendwann beenden lässt. Fehler in der ganzen Schöpfung der Welt Erde und des Menschen sind wiederum die Zeugnisse der Vergänglichkeit, die nur einen fehlerhaften Körper der menschlichen Seele entstehen lassen hat können, der seine ganze Lebenskraft im Laufe der irdischen Zeitrechnung wieder verliert und zu 100 % absterben wird. Somit kann man auch erkennen, wenn der menschliche Körper eine unzerstörbare Substanz erhalten könnte, dann würde dieser Körper mit der Verbindung der menschlichen Seele ewig gut leben können und somit für immer ein ewiges Leben erhalten. Jeder, der das irdische Leben auf der Welt Erde als das endgültige Leben sieht, hat wirklich keine Ahnung von den ganzen universellen Ressourcen, die im Universum auch eine Existenz haben. Aber jeder Mensch, der das irdische Leben nicht als Brücke zum ewig guten Leben sieht, der hat mit dem irdischen Leben nichts Gutes im Sinn und bring nur bewusst herbeigeführten Mord und Totschlag gegenüber allen Mitmenschen, weil er damit die gesamte irdische Menschheit am guten menschlichen Fortschritt hindert und immer wieder vorübergehend bremst, es für jeden irdischen Menschen zu 100 % an Gutem zu gewährleisten. Die fehlerhaften Konstellationen auf der ganzen Welt Erde verursachen den ganzen Zwiespalt, der immer wieder von Neuem mit brennendem Feuer entfacht wird, um die Menschheit wieder Rückschritte im guten Leben gehen zu lassen und damit der Mensch nicht irgendwann erkennt, dass ihn immer wieder derselbe Grund und der gleiche Inhalt an Negativität von seinem wahren guten Dasein im irdischen Leben abhält, der die ganze Menschheit, wenn so weitergelebt wird, zum kompletten irdischen Kollaps entgegenschlittern werden wird, ohne dass das auch die gesamte irdische Menschheitspopulation so will. Und das ewig gute Leben beinhaltet dann das fehlerlose Annehmen des fehlerlosen Materials, das den ewig guten Körper in Verbindung mit der 100 % an Gutem, der menschlichen Seele, des erhaltenen Gesamtresultats an ewig guten Lebens, das nicht noch einmal zerstört werden kann sich selbst definiert hat. Und wer das irdische Leben auf der Welt Erde nicht als fehlerhaft sieht, der täuscht sich im wahrsten Sinn des Wortes, denn es macht einfach keinen guten Sinn, wenn man in eine Welt Erde hineingeboren wird, um dann wieder sterben zu müssen. Nur weil das irdische Leben auf der ganzen Welt Erde nicht fehlerlos ist, hat niemand die Berechtigung dafür, es bewusst auszulöschen, zu töten oder es mit Gewalt daran zu hindern, ein gutes irdisches Leben zu leben. Da der Mensch und alles irdische Leben auf dem ganzen Planeten Erde Luft zum Atmen benötigt, um am irdischen Leben zu bleiben, ist das ganze irdische Leben in einen mit vorhandener Luft beschränkten Lebensraum hineingeboren worden, der es den Menschen nicht besonders ungefährlich leben lässt, da der gesamte vorhandene Lebensraum des irdischen Lebens den Lebensbestimmungen des ganzen Planeten Erde unterworfen ist und sein ganzes Dasein darin besteht, sich auf dem ganzen Planeten Erde darum zu kümmern, dass das irdische Leben nicht irgendwann komplett zugrunde geht und ausstirbt, da die ganzen Lebensbedingungen auf der ganzen Welt Erde nicht mehr lebenswert geworden sind. All diejenigen Menschen, die bewusst Fehler verursachen, um ihren Mitmenschen bewusst zu täuschen, werden niemals auch nur einen einzigen Millimeter dem ewig guten Leben näherkommen, sondern werden abgestumpft zugrunde gehen zum gänzlich kompletten Ende. Wer im heutigen irdischen Leben nicht gänzlich an Zurückhaltung seine ganzen Entscheidungen walten lässt, der hat irgendwann für immer und ewig seine ganzen Möglichkeiten für ein ewig gutes Leben zunichtegemacht. Ich will nicht sagen, dass alles Übel der ganzen Welt Erde die Fehler sind, die wir alle nicht machen sollten, denn es gibt die bewusst herbeigeführten Fehler einzelner Menschen, die das Sagen auf der ganzen Welt Erde haben, oder eben die unbewusst entstandenen Fehler, die das ganze irdische Leben als Gleichgewichtsausgleich irgendwo auf der ganzen Welt Erde an das gesamte irdische Leben zurückschickt, um endlich auch vom Menschen bereinigt zu werden, doch der Mensch, der das Sagen auf der ganzen Welt Erde bei sich hat, macht sich im überwiegenden Maße für alles Schlechte selber schuldig und kann somit im Guten nicht weiterkommen, um sich irgendwann von allem Schlechten vollkommen zu befreien. Und obwohl dann noch immer die Vergänglichkeit beim ganzen irdischen Leben das vollkommene Sagen hat, lässt es sich auf dem Planeten Erde für das gesamte irdische Leben dann besser, friedlicher und viel angenehmer leben und besser noch, es würde das ganze irdische Leben in ein ewig gutes Leben übergehen können. Es läuft einfach so viel falsch im ganzen irdischen Leben, dass jeder Leser hiervon wohl oder ganz denken könnte, dass man dann gar nichts mehr machen darf, um an ein ewig gutes Leben zu gelangen. Alles, was ich hier schreibe, ist kein Verbot für alles irdische Leben, sondern vielmehr der direkte Hinweis, dass das ewig gute Leben existiert und nicht mehr zerstört werden kann. Wer denkt, dass beim ewig guten Leben geschlafen wird, der hat falsch gedacht, denn das Schlafen ist im irdischen Leben dazu da, dass der Körper die vorhandenen Strapazen mit der nötigen Ruhephase des Schlafens als eine Art Körperschonung, um eine Überlastung der Körperkräfte zu vermeiden und die gesamte Muskulatur des Körpers dem Ruhepuls zu überlassen, weil der menschliche Körper eben nur dazu in der Lage ist, Nahrung aufzunehmen, um nur über einen kurzen Zeitraum eine Leistungsfähigkeit zu erbringen, die jedoch nicht dauerhaft erbracht werden kann.

Der Mensch muss quasi jeden Tag mit Essen aufwenden, um überhaupt dem menschlichen Körper alle nötigen Überlebensnotwendigkeiten, die beim Erbringen der Leistung wieder mit Nahrung ausgeglichen werden müssen, aber somit immer, während des gesamten irdischen Lebens, dem ständigen Leistungsausgleich mit Nahrungsaufnahme auch tatsächlich täglich ausgeglichen werden müssen, um überhaupt zu überleben. Beim ewig guten Leben braucht man gar keine Nahrungsaufnahme mehr zu vollziehen und das Ganze eben unendlich ewig, denn die menschlich 100 % gute Seele taucht in das ewig gute Lebensgebilde ein und es wird dann mit dem Material darin der neue und ewige Körper geformt, der unzerstörbar ist, aber auch nicht mehr sterben kann, da die menschliche Seele den Körper geformt hat. Es existiert beim ewig guten Leben keine Nahrungsaufnahme mehr, denn das fällt komplett weg. Im irdischen Leben ist die Nahrungsaufnahme immer schon ein Punkt, der das Überleben betrifft und somit immer wieder der Streitpunkt Nummer 1 auf der ganzen Welt Erde. Müsste der Mensch im irdischen Leben keine Nahrungsaufnahme vollziehen, dann wären 95 % aller Konflikte gar nicht erst entstanden, aber da sich der irdische Mensch auf der ganzen Welt Erde immer mehr zu einem Wesen der Vergänglichkeit gemacht hat, ist es vermutlich auch unumgänglich, dass der ganze irdische Mensch sich immer mehr eine Welt Erde zusammenzimmert, auf der kein Leben mehr möglich sein wird. Leider existieren in der irdischen Welt Erde immer nur 2 Gegensätze, die immer versuchen, ein Gleichgewicht zu kreieren, aber es einfach nicht schaffen, denn die Gegensätze sind zu groß, sodass die Welt Erde nicht nur als eine einzige Welt Erde zu gelten hat, sondern sich die eine Welt Erde in zwei Welten trennt. In die Welt Erde des Schlechten und Bösen und die Welt Erde des Guten und des ewiglich Guten, dass immer Bestand hat. Doch die menschliche Seele hat sich im irdischen Leben auf der Welt Erde zwischen beide Seiten des irdischen Lebens für die vollständig guten Lebenseigenschaften zu entscheiden, um einen Gesamtwert in der menschlichen Seele zu erhalten, der in den Schritt zum ewig guten Leben übergeht, um ewiglich gut leben zu können. Dieses 2-Seitensystem auf der ganzen Welt Erde lässt immer wieder von Neuem die Wogen hochgehen und der Streit der beiden Parteien ist nicht nur vorprogrammiert, sondern lässt sich aufgrund der beiden unterschiedlichen Gegebenheiten gar nicht verhindern, solange eine Partei nicht mehr ein existentielles Dasein hat, denn das ganze Schlechte wird immer mit ihrer ganzen Existenz versuchen, alles Gute zu unterdrücken, denn alles Schlechte begreift sehr wohl, dass es auch schlecht ist. Und da der Großteil aller schlechten Menschen nicht zu 100 % genau daran denkt, schlecht zu sein, sondern wohl auch im überwiegenden Sinn daran denkt, dass er sich Gutes gönnt, aber in Wirklichkeit damit Schlechtes am Mitmenschen verübt und somit sein gesamter guter und sozusagen menschlicher Weiterentwicklungszyklus komplett zum Stillstand gekommen ist, der ihn eigentlich zum Menschen machen würde, aber eben einfach nicht mehr vorhanden ist. Die optische Oberfläche des schlechten Menschen ist nicht relevant dafür, dass der Mensch als gut bezeichnet werden kann, da das Äußere des Menschen immer auch verhüllt gezeigt werden kann, sodass man nicht auf den ersten Blick genau erkennt, ob es ein schlechter oder ein guter Mensch ist, der vor einem selber steht.

Bis jetzt habe ich die meisten negativen Begebenheiten dieser Welt Erde beschrieben und komme nun zu den guten Begebenheiten dieser irdischen Welt Erde, die als gut bezeichnet werden können. Nun beschreibe ich die gute Seite am ganzen irdischen Leben.

Gut ist, wenn alle Menschen genug zu essen haben, aber nichts davon in verschwenderischer Absicht vergeuden, damit der Mitmensch weniger davon hat. Gute Absichten gegenüber allen Mitmenschen soll das Fundament eines jeden Menschen beinhalten, damit das ganze Zusammenleben im Umgang mit sich selber und allen seinen Mitmenschen immer einen guten Wert erhält, um auch noch gut gedacht zu sein. Sehr gut am irdischen Leben auf der ganzen Welt Erde ist es immer ganz besonders dann, wenn es bei allen Menschen nicht um das Geld geht, sondern um den menschlichen Aspekt der puren Nächstenliebe, das gemeinsame Handeln für alle beteiligten Menschen der besonders guten Sache, dass niemand zu Schaden kommt. Das wahrlich Gute am irdischen Leben ist immer noch, dass man sich für die richtige Seite des ganzen irdischen Lebens für alles Gute entscheiden kann, dass man sich überhaupt entscheiden kann und dass es mit jeder einzeln gemachten Entscheidung nurmehr auf sich selber zurückfallen kann, wenn man eine oder mehrere Fehlentscheidungen getroffen hat. Jede gut gemachte Entscheidung sollte man zuallererst für sich selber treffen, um erkennen zu können, welche Folgen sie damit nach sich ziehen und sich damit auch zeigen, denn jede Entscheidung ist mit der zeitlich guten Routine treffsicherer zu machen, als wenn man sich nur rein auf die vorhandenen Gewohnheiten stützt und mit vermutlich sicheren Fehlentscheidungen zu leben hat. Um seine ganzen Fehlentscheidungen im irdischen Leben auf der Welt Erde zu minimieren, sollte man besser keine vorschüssigen Befindlichkeiten beurteilen, sondern eben den vorhandenen guten Wert betrachten, den man eben gerade erkennen konnte und eben diesen guten Wert im guten Weiterdenken im guten Sinn weiterentwickeln. Und alle Menschen, die sich im guten Sinn weiterentwickeln, aber immer noch alle Mitmenschen als wertvoll betrachten, haben die Möglichkeit, ihren inneren und guten Lebenswert zu vergrößern, ohne andere Mitmenschen zu benachteiligen. Der gute Mensch auf der ganzen Welt Erde ist immer bedacht, auch Gutes zu vollbringen, Gutes an allen seinen Mitmenschen zu verrichten, um einen wahrlich guten Gesamtwert zu erhalten. Gut ist immer, einen Wert der guten Selbstbestimmung zu haben, denn mit ihr kann das menschliche Lebewesen immer auch für sich selber entscheiden, was gut und was schlecht ist. Wenn der Mensch selber bestimmen kann, wie er leben möchte, dann noch ein guter Lebenswert erreicht wird, dann ist das eine gute Lebenseigenschaft. Gut am irdischen Leben auf der Welt Erde ist, dass sich der Mensch frei bewegen kann. Gut am Menschen ist immer, dass er zwischen gut und schlecht unterscheiden kann. Es ist gut, dass der Mensch sich mitteilen kann, um Gegebenheiten miteinander und vor allem mit sich selber zu bereinigen. Gut im ganzen irdischen Leben ist es, dass sich der Mensch im Guten weiterzuentwickeln vermag und aus jedem Ereignis seine gute Erkenntnis gewinnt. Es ist bemerkenswert gut, wie sehr sich der Mensch im Erlernen des Guten aufopfernd einbringt, um einen fortlaufenden und neuerlich guten Lebenswert zu erhalten. Es ist gut, wie der Mensch sich im überwiegenden Sinn als hilfsbereit gegenüber seinen Mitmenschen zeigt, doch es sehr wohl versteht, dass nicht alles, was glänzt, auch gut ist. Der Mensch ist dann gut, wenn er keine Gelegenheit auslässt, um Gutes zu tun. Wenn man von einem Menschen nicht mehr sagen kann, dass er schlecht ist, dann ist er ein vollkommen guter Mensch geworden, weil auch alle seine Mitmenschen, mit denen er sich umgibt, erkennen, dass er gut ist. Es ist gut am Menschen, dass er sich seine eigene Meinung bilden kann, da im irdischen Dasein nicht alles die gleiche Wertigkeit hat, und somit der Mensch mit seiner selbst gemachten Meinung seinen eigenen guten Selbstwert erhält, der ihn zu großen Taten befähigt, ohne dabei auch nur einen einzigen Mitmenschen zu unterdrücken. Ein guter Mensch steht zu allen seinen guten Lebenseigenschaften und lässt sich auch von bösartigen Handlungen sich selbst gegenüber nicht vom guten Lebensweg abbringen, weil dieser gute Mensch immer vor Augen behält, dass das irdische Leben der Übergang zum ewig guten Leben ist. Niemand ist in der Lage ganz genau zu sagen, was nach dem irdischen Leben vor sich gehen wird, nicht einmal ich, der Schreiber hiervon, sondern es entscheidet sich alles bereits im Vorhinein, beim ganzen irdischen Leben auf der Welt Erde. Doch das ewig gute Leben ist nicht nur die Vorstellung davon allein, sondern es verhält sich wie beim Erfinden einer für die gesamte Menschheit geltenden Erneuerung, denn wenn man so wie ich es gerade mache, alle Lebenseigenschaften des irdischen Lebens zu betrachten, um den wahren Grund für alles irdische Leben zu ergründen, dann bin ich hiermit schon im ewig guten Leben angekommen, denn es hat die ganze Objektivität des guten Lebens mit jedem meiner ganzen Worte erhalten und hat somit schon zu leben begonnen. Es ist gut am irdischen Leben, dass jedes einzelne Wort, das ich hiermit schreibe, auch in der gleichen Sekunde ans Leben gekommen ist, damit eine eigene Lebendigkeit erhalten hat, momentan zwar nur rein für mich selber von ganzem Nutzen ist, aber da ich auch genug Mensch bin, den menschlichen Wert zu steigern und zu definieren, bin ich hiermit sehr wohl zum Bindeglied zum ewig guten Leben geworden. Und alle Menschen, die das eben nicht so sehen können, denen fehlt die wichtigste Komponente im ganzen Leben, das Erkennen von der Wertigkeit und der Gegebenheit dessen, was dann mit all diesen Menschen und ihren menschlichen Seelen nach dem irdischen Leben geschieht, wenn ich bei allem recht behalten habe, was ich hier alles geschrieben habe. Es ist gut, dass sich der Mensch einer Veränderung zu unterziehen hat, um sich von einem abgekommenen Weg wieder in die gute Richtung zu bewegen. Wenn ich mit diesem Buch auf einem Irrweg wäre, dann könnte ich nicht alles ganz detailliert beschreiben und laut meiner eigenen Ansicht nach so darstellen, dass es auch erkannt werden kann, was ich genau damit meine. Es ist auch gut, dass nicht jeder hiervon alles sofort verstehen kann, aber doch im Lebensrhythmus gesehen immer mehr, nach und nach, denn ich beschreibe hier keine Kleinigkeiten, sondern vielmehr die ganze Möglichkeit, um für immer und ewig seinen eigenen Bestand zu sichern. Es ist gut im irdischen Leben, dass man viele Möglichkeiten zum guten Leben hat, aber eben nur die einzig wahre Möglichkeit zum ewig guten Leben vom ganzen irdischen Leben erhalten hat. Es ist gut im irdischen Leben, sich entscheiden zu können und selbst wenn der Mensch einer Unterdrückung unterworfen ist, macht dieser Mensch seine eigenen Entscheidungen, zwar vielleicht eben nur im überwiegenden Sinn innerlich, aber eben genau dort, wo das ewig gute Leben sein ganzes Fundament hat. Ich kann niemandem zeigen, wie das ewig gute Leben aussieht, da jeder irdische Mensch sein eigenes Leben lebt und sich komplett vom anderen menschlichen Leben unterscheidet, doch die grundlegenden Lebenseigenschaften des ganzen irdischen Lebens unterscheiden sich bei keinem einzigen menschlichen Leben. Ans irdische Leben können viele gelangen, doch ans ewig gute Leben nur die wenigsten, doch auf die gesamte irdische Menschheit gesehen wiederum doch sehr viele, da der überwiegende Mensch nicht im irdischen Reichtum lebt, aber sich dennoch viel besser, auch gut menschlich gesehen weiterentwickelt als die Menschen, die die bestimmende Kraft darstellen.

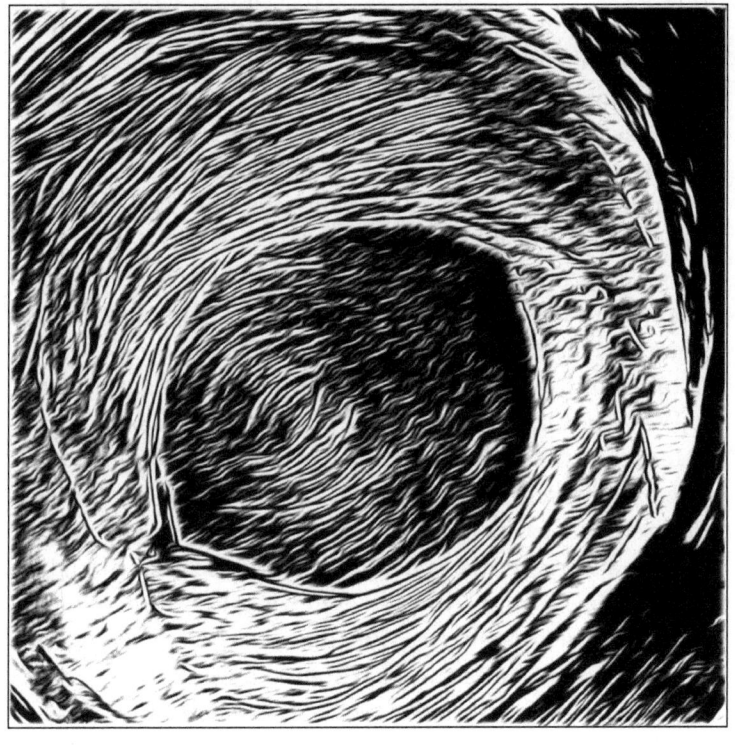

Somit überwiegt das gesamte Gleichgewicht an guten Menschen dem gegenübergestellten schlechten Menschen gegenüber und, obwohl der gute Mensch nach wie vor der Unterdrückung anderer Mitmenschen ausgesetzt ist, gelangt immer nur die gute menschliche Seele an den Ort der ewigen Unendlichkeit. Da sich der ganze Mensch von der Lebensquelle gänzlich herrührend sich selber überlassen wurde, braucht der ganze Mensch auch dementsprechend lange, bis das ganze irdische Leben die vorhandenen guten Lebensbedingungen gänzlich auch angenommen hat, doch dabei ist es gut, dass wenn ein guter Mensch sich im irdischen Leben gut weiterentwickelt, sich auch das gesamte irdisch gute Leben gut weiterentwickeln wird, das wiederum auch einen längeren Zeitraum beanspruchen wird, als dass dieser eine gute Mensch für seinen gesamten guten Fundus gebraucht hatte. Es ist auch gut, dass es dem Menschen möglich sein würde, im irdischen Leben ein ewig gutes Leben zu bekommen, obwohl sich dabei der ganze Mensch mit all seinen ganzen Gewohnheiten zu ändern hätte, da ansonsten nur der irdische Tod das Zeichen des Nichterreichens der Ewigkeit, als mahnendes Symbol dafür geradesteht, dass sich der ganze Mensch immer noch im überwiegenden Sinn und Kontext, gegen sich selber in negativem Ausmaß, Schuld auflastet, die gegen einen anderen Mitmenschen ausgeübt wird. Somit kann die ganze Menschheit die Vorzüge der ewig guten Ewigkeit nicht verstehen und auch nicht auf das irdische Leben auf der ganzen Welt Erde übersetzend leben. Was bedeutet, dass der ganze Mensch, solange er in allem gegen sich selber arbeitet, auch keine Möglichkeiten dazu hat, den irdischen Tod zu überwinden, da sich der ganze Mensch immer bei sich selber eine Bremswirkung auferlegt, die es den ganzen Menschen unmöglich macht, die ewig gute Dynamik der ewig guten Konstellation auch folgen zu können. Das Gute am irdischen Leben ist, immer auch das Gesamte zu betrachten und wenn man es heutzutage bei der Menschheit betrachtet, dann ist der Mensch noch lange Zeit nicht so weit, den irdischen Tod endlich auch überwunden zu haben. Ich für meine Seite habe dieses vom Menschen selbst gemachte Problem schon mehrere irdische Jahre gelöst, denn ich habe einfach in unserem Universum nach der guten Unendlichkeit gesucht und sie auch gefunden, aber glauben muss mir das auch niemand, doch trotzdem schreibe ich es in erster Linie für mich selber auf, um auch mit der ganzen Deutlichkeit zu erkennen, was das alles genau zu bedeuten hat und so mit mir auch verdeutlicht wird. Das überaus Gute am irdischen Leben ist die ganze Vielfältigkeit an guten Lebenseigenschaften, die jeder einzelne Mensch ganz auf seine eigene Art und Weise auf das irdische Leben übersetzt, sodass damit auch die ganzen lebendigen Möglichkeiten für ein wahrhaft gutes irdisches Leben so zahlreich sind, dass jeder einzelne gute Mensch genau eine gute Möglichkeit auf das ewig gute Leben besitzt und der nächste gute Mensch gleichfalls schon die zweite gute Möglichkeit besitzt und so weiter und weiter. Sodass die wahrlich ewig guten Möglichkeiten niemals aussterben können, da im ganzen irdischen Leben immer von einem irdischen Leben zum nächsten irdischen Leben angeknüpft worden ist, weil das ewig irdische Leben eben zuallererst mit der 100 % rein guten menschlichen Seele erreicht werden kann, aber wenn man bereits im irdischen Leben eine 100 % rein gute menschliche Seele erreicht hat, dann fühlt sich der menschliche Körper auch nicht mehr so wie vorher an. Der menschliche Körper ist dann beim irdischen Leben immer noch dem irdischen Tod unterworfen und fühlt sich immer mehr absterbend und toter an, obwohl sich die menschlich ewig gute Seele dann nicht mehr wirklich zu verändern hat, da es bereits alle möglichen guten Lebenseigenschaften in sich drinnen beinhaltet und somit auch nicht mehr zerstört werden kann. Die Menschheit zerstört sich lieber immer von Neuem selber, als dass sie endlich zur Vernunft kommt und auf ein ewig gutes irdisches Leben hinsteuert, denn die ganze Menschheit lässt sich immer wieder aufs Neue lieber einer schlechten Versuchung ausliefern, als dass es irgendwann den guten Erhalt von sich selber sichert, das ewig gute Leben. Wer jetzt denkt, was ich schon über das ewig gute Leben weiß, denn ich bin ein niemand, von dem man noch nichts Überragendes gehört hat. Aber genau darin steckt das Gute doch, denn ich kann von mir sehr wohl sagen, dass ich sehr viel Zeit damit verbracht habe, um mir selber diese irdische Welt Erde zu erklären, damit ich unendlich nie wieder in meiner ganzen lebendigen Existenz oder an mir selber kaputt gehe. Es war immer schon mein ganzes Verlangen, dem ewig guten Leben auf den Grund zu kommen, damit man ewiglich gut lebendig ist und ewiglich nie mehr den vorhandenen irdischen Problemen eines Ablebens unterworfen sein wird. Warum die Menschheit immer noch dem irdischen Tod unterworfen ist, ist überwiegend dem Menschen selber zuzuschreiben, da der Mensch immer noch nicht gelernt hat, sich gemeinsam in die Zukunft zu bewegen und Grausamkeiten an sich selber verübt, die wiederum das gesamte irdische Leben davon abhalten, um für alles irdische Leben eine immer geringere absterbende Welt Erde zu kreieren, damit die Menschheit wiederum viel besser in ihre eigene Zukunft mit immer besseren Lebensbedingungen für die gesamte Menschheit zu schreiten in der Lage sein könnte, als es heutzutage auf der ganzen Welt Erde jeden Moment des gesamten Daseins des irdischen Lebens auch tatsächlich abläuft. Solange der Mensch mit dem Tod der Menschen nicht mehr nur mehr ein letztes großes Geschäft machen will und daraus das große Geschäft sieht, so lange wird der ganze Mensch nicht von seinen ganzen Strapazen in seinem irdischen Leben weniger entstehen sehen werden, da die gesamten Lebensbedingungen dadurch für alle Menschen schwieriger werden. Der Überlebenswille des Menschen ist überaus groß, was sehr gut ist, aber dass es in der irdischen Welt Erde überhaupt noch zu einem solchen Überlebensszenario kommt, ist das ganze Verschulden des Menschen selber und verursacht immer wieder nur noch Angst und Schrecken, der so niemals weniger werden wird, sondern sich noch in der ganzen Menschheit vergrößern wird, da das ganze Sagen der Mensch auf der ganzen Welt Erde hat und daraus sich immer wieder selbst eine Falle stellt, da der Mensch nicht im gesamten und guten Menschheitssinn vorher betrachtet, damit die gesamte Menschheit im Nachhinein sich selber nicht wehtut, denn solange es Menschen gibt, die ums Leben kommen, so lange hat das gesamte irdische Leben bei sich selber an allen möglichen und problematischen Lebensbedingungen zu überwinden, und das gesamte Szenario wird sich auch so lange nicht ändern, solange sich der ganze irdische Mensch nicht zum Positiven verändert und alles im Guten Gelernte nicht wieder bewusst verwirft. Der Mensch begibt sich mit sich selber immer wieder ins nackte Überlebenstraining, das der Mensch selber so produziert und auch ans Leben ruft. Es ist überaus gut, dass der Mensch überleben will, jedoch nimmt sich der Mensch die wahre Lebenskraft und die wahre Lebensenergie selber, indem sich der Mensch in seinem ganzen Handeln gegenüber dem gesamten irdischen Leben nicht rapide zum Positiven ändert, denn da nicht nur die Welt Erde eine runde Erscheinungsform hat, so hat auch das ganze irdische Leben eine runde Gesamtform oder eine runde Erscheinungsstruktur, die, wenn sie mit sich selber in Konflikt gerät, auch wiederum nur sich selber damit verletzt und einen neuerlichen Schaden nimmt. Umso schwieriger die Gegebenheiten vom Menschen in veranschaulichter Art und Weise gemacht werden, umso schwieriger werden auch die Gegebenheiten im ganzen irdischen Leben, da der Mensch immer noch das bestimmende Lebewesen auf dem ganzen Planeten Erde ist und auch in gleicher Art und Weise vom ganzen irdischen Leben auf der Welt Erde zur Rechenschaft gezogen wird. Wenn der Mensch nicht zur Rechenschaft gezogen werden würde, dann würde das ganze irdische Leben gar nicht mehr existieren, da es sich sonst selber aufgefressen hätte, das ist der pure Fakt dessen, was immer noch mit allen irdischen Lebewesen in der Zukunft geschehen könnte. Doch die Vergangenheit kann man nicht mehr ändern, aber man kann sich um die Zukunft kümmern, wenn man es versteht, für alle Menschen gleich gut zu gestalten, dann glätten sich auch die zukünftigen Wogen, sodass sie für alle Menschen ein gutes irdisches Leben bereithält. Die Zukunft wird in dieser irdischen Welt Erde vom ganzen Menschen vorbestimmt und immer wieder vorentschieden für das ganze irdische Leben. Warum wohl der Mensch die Zukunft des ganzen Planeten Erde vorbestimmt, ist deshalb so, weil der Mensch auch das Sagen und die ganze Verantwortung für das ganze irdische Leben bei sich selber hat. Ja, ja, die Zukunft des ganzen

Menschen ist immer schon abhängig vom Menschen selber. Und wenn der Mensch seine eigenen Fehler nicht mehr erkennt, erkennen will oder nicht mehr sehen will, obwohl der Mensch permanent Fehler bei sich selbst macht, aber es nicht mehr als eigenen Fehler deklariert, sondern irgendeinen Artgenossen dafür zur Rechenschaft zieht, um die eigenen Vergehen an den Menschen selber gegenwärtig wiederspiegelt, um als Mensch vor sich selber immer noch etwas mehr gelten zu können als sein kleingemachter Mitmensch es ist. Wenn man erkennt, dass auch die Zukunft ihre genauen Richtlinien besitzt, aber die man besser nicht herausfordert, damit das ganze Gleichgewicht des ganzen irdischen Lebens nicht komplett aus dem Gleichgewicht gebracht wird, denn es hätte das komplette Aussterben auf dem ganzen Planeten Erde zur Folge. Was genau bedeutet, dass, wenn der ganze Mensch zur Einsicht gekommen ist und es auf der ganzen Welt Erde keine Form des Krieges, des Mordes und der sinnlosen Verfolgung gibt, dann der ganze Mensch erkennen kann, dass jedes irdische Lebewesen seinen ganzen Nutzen für das Gute hat und als Teil des ganzen Menschen auch leben darf, weil jedes irdische Lebewesen dann den ganzen Menschen einen kleinen Schritt zum ewig guten Leben bringen kann. Die Zukunft wird damit bestimmt, wie sich der Mensch im Guten weiterentwickelt, denn das Böse und Schlechte hat immer das gleiche grausame Gesicht, dass es immer schon gehabt hatte. Und so ist die Zukunft heutzutage immer auch viel zu viel mit großen Grausamkeiten des ganzen Menschen betroffen, aber kann eben nicht für alle Menschen einen guten Lebenswert kreieren, da immer mehr die unwillkürliche Willkür auf der ganzen Welt Erde vom bestimmenden Menschen ans Leben gerufen ist, eben nur sich am Mitmenschen bereichern zu können, was aber immer mehr für den ganzen Menschen einen der größten Schäden bedeuten kann, dass nämlich der ganze Planet dadurch immer unbewohnbarer werden wird. Es ist gut, dass sich der Mensch immer von Neuem entscheiden kann, das Gute doch noch in die ganze Welt Erde zu bringen und auch zuzulassen.

Der Mensch sollte sich besser so früh wie möglich Gedanken für die Zukunft des gesamten Planeten Erde machen, denn wer sich nicht um den Planeten Erde kümmert, dass er erhalten bleibt und das ganze irdische Leben darauf bewahrt wird, der wird sein komplettes Ende schneller als gedacht nach dem irdischen Ableben erhalten, weil es dann für immer zu Ende geht. Der Mensch und seine ganze Unsicherheit bekräftigt noch das anschließend kommende Ende, denn wenn man die Unendlichkeit in seiner ganzen menschlichen Seele spürt, dann wirkt das ganze irdische Leben nicht mehr so sehr schwierig, niederschmetternd oder beklemmend, sondern viel mehr einfach, klarer und viel angenehmer, als es noch bei der ganzen Suche nach der Ewigkeit des ewig guten Lebens gewesen ist.

Alles irdische Leben auf dem ganzen Planeten Erde ist deshalb entstanden, damit sich das ganze irdische Leben auch gut weiterentwickeln kann und zu einer enormen Größe heranwachsen kann und nicht, damit es sich selber zerstört, aber die Menschheit ist momentan im Gesamten auf dem Selbstzerstörungstrip und lässt sich vermutlich auch nicht mehr ganz stoppen, da ein komplettes Umdenken des ganzen Menschen die Regel zu sein hat, um noch zum Positiven für die gesamte Menschheit zu gelangen. Aber all jene Menschen, die immer nur das Geld dem Menschen vorziehen, vergeuden auf die gleiche Art und Weise ihre ganzen Ansprüche auf ein neuerliches Leben, das nicht mehr mit den ganzen Schmerzen behaftet ist, aber dennoch ein ewig gutes Gewand als Körper angenommen hat. Wenn man für einen absolut guten Wert nichts zu machen hätte, dann könnte jedes irdische Lebewesen das ewig gute Leben ohne Probleme erreichen, doch das ewig gute Leben ist eben nicht für alle gedacht, darum sind die Auswahlkriterien im kompletten irdischen Leben auf der Welt Erde enthalten, und wenn man ganz genau hinsieht zu allen Menschen, dann hat jeder einzelne Mensch oder jedes einzelne Volk seine eigenen und vorhandenen Lebensrichtlinien, die sich fast bei allen anderen Mitmenschen zu 100 % immer so ähnlich widerspiegeln, dass es verblüffend ist, wenn man das mit seinen ganzen Ähnlichkeiten erkennen kann und auch, dass das menschliche Niveau eines jeden irdischen Menschen ist, was das ganze irdische Leben von allen Menschen auch heutzutage in Wahrheit verlangt, um einen gemeinsam guten Gesamtwert zu erreichen, damit das ganze irdische Leben im Frieden immer wieder und auch immer größer werden kann, denn im ganzen Universum sind genügend Ressourcen für mehr Leben vorhanden, aber eben auch genügend Platz für mehr Leben. Wenn man also für das ewig gute Leben nichts weiter als eine Schenkung brauchen würde, dann wäre alles Leben auf einem unwillkürlichen Maß an Ungerechtigkeiten aufgebaut, die sogar dem schlimmsten Lebewesen, das existiert, einen Platz in der Ewigkeit des Guten sichern und dann würden Teile des ewig guten Lebens immer und überall für ewig im Konflikt mit allen bösartigen Bereichen des ewig guten Lebens sein, denn alles Bösartige ist der Stillstand des ganzen Lebens und das gute Leben ist immer bedacht, dass es sich im Guten weiterentwickelt und weiter noch vergrößert, weil es die ganzen Richtlinien für das gute Wachstum immer an jede einzelne Generation weitergibt, um sich auch zu vergrößern. Im Leben des Guten gibt es nichts geschenkt, sondern alles Gute ist immer und immer wieder zu 100 % verdient, doch beim Schlechten oder Bösen bekommt man alles immer nur geschenkt, da es immer nur immer wieder von Neuem in sich selber den Widerspruch trägt, der das ganze Leben am guten Weiterleben hindert, weil es auch nur dann als böse oder schlecht bezeichnet werden kann. Die zwei Seiten des ganzen irdischen Lebens beinhalten immer schon die ganzen Unterschiede zueinander, darum findet ein schlechter Mensch einen guten Menschen immer als abstoßend und versteht den eigentlichen Grund und höhergestellten Sinn davon nicht, eben weil keine einzige gute Sache dabei erkannt wird. Und wer behauptet, dass man nur einmal lebt, der täuscht sich, denn alle, die nicht verstehen, dass das ganze irdische Leben eine lebendige Dynamik besitzt und immer weiter lebt, sodass man auch wieder daran erkennen kann, dass das ganze irdische Leben mehr angewachsen ist, als dass es im Wachstum stehen geblieben wäre, dann kann man wiederum daraus erkennen, dass mehr gute Menschen auf dem ganzen Planeten Erde heutzutage leben als schlechte Menschen. Der Sinn des Lebens ist immer und überall dort zu finden, wo ganz genau hingesehen wird, wo nicht die Zerstörung hingelangt, wo alles als gut empfunden wird, wo einfach alles als gut gesehen wird, wo alles im Guten gelingt, wo der gute Tag jeden Tag immer wieder von Neuem gut entsteht, wo die gute Gemeinsamkeit seine ganze Fülle ausbreitet, wo Himmel und Erde gleich sein können, wo jeder mit seiner eigenen guten Fähigkeit glänzen kann, wo niemand mehr der Zweite ist, wo keine Schmerzen entstehen können, wo alles bis ins kleinste Detail gut durchdacht, gut auf alles andere wirkt, wo alles Gute möglich ist, wo alles Gute ewig Bestand hat, wo immer wieder etwas Neues zum Neuen dazukommt, um den guten Wert von Neuem auch wieder zu erneuern und wo es Sinn macht, gut anzuschließen, was immer auch dabei Gutes entsteht. So ist zu erkennen, dass der ganze Sinn des Lebens meine ganze Suche immer und immer wieder vorangebracht hat, dass ich überhaupt immer mehr meine ganze Aufmerksamkeit darauf gebracht habe, um irgendwann keine Sorgen mehr im ganzen irdischen Leben auf der Welt Erde zu haben, und nun ist es bei mir eingetroffen, was mir alles im irdischen Leben guten Sinn macht. Wenn ich keinen guten Sinn darin erkennen würde, dieses Buch und alle darin formulierten Sätze mit all ihren guten Vermittlungen, Bestimmungen, Wortlauten oder Schilderungen zu formulieren, dann wäre mir das alles hier nicht möglich oder bis hier hin einfach nicht möglich gewesen. Das ist wiederum der deutliche Fakt der Realität, die ich in meinem eigenen Leben erkennen kann und somit auch niederschreiben kann, um einen Einblick davon zu verschaffen, der bislang niemandem zu 100 % aufgefallen ist, da das wiederum zu meiner Lebensaufgabe dazugehört, wie ich das jetzt so erkennen durfte und ich damit einfach nur sehr viel Glück in meinem ganzen Leben gehabt hatte, aber ich alles Glück in meinem Leben zum bewusst guten Verdienst, der mit 100 % Überzeugung von mir selber gesehen wird, von mir als verdient gesehen und erkannt wird, da mir in meinem irdischen Leben vom ganzen Guten nichts geschenkt wurde, sondern ich mir alles an gutem Inhalt selbst verdient habe, aber immer noch verdiene, da ich mich immer gut weiterentwickele und nicht innerlich oder in meiner menschlichen Seele stehen bleibe. Wäre alles, was ich hier schreibe, eine reine Erfindung von etwas, dass es sowieso nicht gibt, dann hätte ich niemals derartige Darstellungen formulieren können, das wäre mir dann eine Sache der Unmöglichkeit. Doch wenn es eine Bestimmung gibt, dann sage ich nicht einmal das. Es ist mir nichts bestimmt, sondern vielmehr hatte ich in meinem ganzen irdischen Leben bis zum heutigen Tag immer den großen Wunsch etwas Gutes für das ganze irdische Leben zu machen, ohne dass ich mich damit bereichern wollte. Es ging mir nie um den großen irdischen Reichtum, denn der ist mir sowieso immer verwehrt gewesen, egal, was ich gemacht habe, aber ich entschied mich immer dann vorschüssig für mein innerlich menschlich seelisches gutes Wohl und nicht für die Reichtümer dieser irdischen Welt Erde. Die irdischen Reichtümer können einen nicht zum ewig guten Leben bringen, da man dem Menschen gegenüber irdische Reichtümer mehr anrechnet und als Wert misst, was im ganzen Guten nicht der Fall ist. Wenn der Mensch heutzutage nicht endlich lernt, nicht gefährlich zu leben, werden viele Menschen auf der ganzen Welt Erde sehr schwere und tragische Unfälle haben und auch vielerorts verursachen und dabei immer wieder auch viele unschuldige Mitmenschen gefährden. Das Leben sollte nicht als Spiel gesehen werden, da es im ganzen Leben immer um viel mehr geht. Ein gefährliches Leben auf dem Planeten Erde ist immer auch ein sehr erdrückendes Leben, ein Leben voller Gefahren, die einem viel mehr Schwierigkeiten bereiten, als dass es wohltuend sein könnte, und vor allem werden dabei immer auch viele andere Mitmenschen in die Gefahrenzone hineingebracht, die das gar nicht wollen. Und wenn der Mensch es nicht lernt, sich nicht mit schlechten Begebenheiten selbst zu verlocken, dann gerät das ganze irdische Lebensgleichgewicht sowas wie voll und ganz aus dem Gleichgewicht, sodass immer mehr vermehrt große Naturkatastrophen und Umweltkatastrophen fast am laufenden Band so vom Menschen selber produziert werden, die erst dann entstehen, wenn sich das ganze irdische Leben wieder auszugleichen versucht, um wieder einen annehmbaren Wert für ein neues Gleichgewicht erhalten zu können. Die meisten Stürme dieser ganzen Welt Erde sind mittlerweile von Menschenhand gemacht worden und wenn die verantwortlichen Menschen für solche Gegebenheiten immer mit noch viel mehr irdischen Reichtum davonkommen, dann wird alles immer schlimmer, schwieriger und unkontrollierbarer für alle Menschen auf dem Planeten Erde und somit niemals besser für alles irdische Leben auch zu leben. Da momentan die schlechten Lebenseigenschaften des ganzen Menschen überwiegen, wird es auch für mich immer schwieriger, die positiven Seiten des ganzen Menschen mit Lichtbereichen zu beleuchten. Und weil es immer schwieriger wird auf der ganzen Welt Erde ein wirklich gutes Leben auch wirklich leben zu können. Was ist genau dann, wenn das Wetter schön langsam komplett außer Kontrolle gerät, sodass es immer lebensbedrohlicher und gefährlicher für jeden Menschen wird? Aber ich hoffe, dass sich diese Frage nicht in der Zukunft bewahrheitet, aber das liegt nicht allein in meinen Händen, sondern in den Händen aller, sozusagen jedes einzelnen Menschen. Am ewig guten Leben ist nichts einfach, so lange, bis die 100 % an Gutem nicht erreicht worden sind. Nach Erreichen der 100 % an Gutem wird alles um mehr als die Hälfte an Aufwand einfacher, leichter und vor allem klarer für den Menschen, der das erreicht hat, und das ist der Hauptgrund, warum das ganze irdische Leben überhaupt existiert, um das ewig gute Leben zu erreichen.

Es kommt im irdischen Leben nicht darauf an, welche Dinge daran nur für ein schlechtes Leben stehen, sondern vielmehr ist alles davon abhängig, welchen menschlich seelischen Zustand der ganze Mensch hat, um erkennen zu können, dass, wenn er sich gegen sich selber auflehnt, sich dadurch bei der gesamten Menschheit nichts Gutes tut, denn er befindet sich dann damit auch im Konflikt mit sich selber, sozusagen von Mensch zu Mensch, sodass kein gutes seelisches und menschliches Weiterkommen das Gesamtresultat ausmacht. Momentan ist der Mensch heutzutage sein eigener Feind, weil er sich nicht mit sich selber im Guten versteht, und zwar restlos. Wenn sich der ganze Mensch restlos im Guten verstehen würde, dann könnte der Mensch sich bereits an einem anderen Ort im ganzen Universum ansiedeln, denn dann wäre dem ganzen Menschen bewusst, welche Gefahrenhinweise überall auch im Universum zu beachten sind, die der Mensch von der irdischen Welt Erde her alle kennt. Es ist zu erklären, warum es sogenannte Menschen gibt, die unfassbar böse sind, denn diese sogenannten Menschen rasten wegen winzig kleiner Belanglosigkeiten einfach und völlig plötzlich komplett aus, bringen dadurch andere Mitmenschen völlig und ganz in Gefahr, aber verursachen immer völliges Chaos. Solche sogenannten Menschen können überhaupt nicht mit dem seelischen Entwicklungsstatus der Allgemeinheit aller Menschen mithalten und bleiben irgendwann dann innerlich komplett stehen, ohne dass noch eine weitere gute Entwicklung stattfinden kann, da ihnen die komplett gute Lebensenergie ausgegangen ist und im innerlichen Stillstand für den Rest ihres irdischen Daseins bösartig herumirren, um nur noch Angst und Schrecken in der gesamten Bevölkerung zu verursachen. Es gibt keinen guten Grund dafür, dass Gut und Schlecht existieren, denn es ist nun einmal so, aber die Trennlinie für die zwei Seiten des ganzen irdischen Lebens ist mit ganzer Deutlichkeit immer mehr zu erkennen, denn alles, was sich klar gut definieren lässt, lässt sich auch gut bestimmen und alles, was sich überhaupt nicht gut definieren lässt, ist unklar, wirr, unbestimmbar, schwierig und bösartig, denn es zeigt sich nicht mit dem, was es darstellt, sondern mit dem, wie immer bösartiger es zu allen anderen Mitmenschen und Lebewesen sein kann und es denkt immer mehr, dass es alles machen kann, auch wenn es abgrundtief böse ist, denn es denkt, dass alles Böse gut ist, was überhaupt nicht der Wahrheit entspricht. Alles Böse hat sich dazu gemacht, aus ganz bewussten Stücken, weil sich alles Böse daran festhält, seinen irdischen Reichtum zu erreichen und zu behalten, ohne Rücksicht auf menschliche Verluste und ohne auch nur einen einzigen Gedanken an die ganze Menschheit zu vergeuden, obwohl es nicht der Vergeudung angehören würde, wenn die ganze Menschheit an einem einzigen Strang ziehen würde, jedenfalls menschlich seelisch gesehen.

Und jedes Vorhaben, die gesamte irdische Menschheit auf einen einzigen Nenner zu bringen, wird fehlschlagen, denn kein einziger Mensch gleicht dem anderen, in keiner Art und Weise. Somit ist es dem Scheitern verfallen, wenn einzelne Menschengruppen versuchen, die gesamte irdische Menschheit zu befehligen, da kein einziger Mensch ohne Entscheidungsfreiheit sein ganzes irdisches Leben zu leben hat, denn selbst wenn ein Mensch der Unterdrückung unterworfen ist, entscheidet der Mensch selber jede gemachte Bewegung seines ganzen Seins. Das ganze irdische Leben auf der ganzen Welt Erde ist nicht dafür gemacht, nicht irgendwann zu sterben, sondern alles ist der Vergänglichkeit unterworfen und bestimmt immer nur einen kleinen Zeitraum bei sich selber alles, was ein gutes irdisches Leben eben darstellt. Das ganze irdische Leben ist immer und überall gefährlich, denn es entstehen immer auch überall und jederzeit Gefahrenherde, die vorher meist unerkannt sind. Der Mensch ist verpflichtet, seine menschliche Seele gut zu erhalten und nicht diese bewusst zu zerstören, um dem Tier gleich zu werden. Der Mensch ist die Zusammenfassung allen existentiellen irdischen Lebens, das es auf der ganzen Welt Erde gibt.

Jedoch wenn sich der Mensch zum Tier in seiner menschlichen Seele zurückbildet, dann verliert dieser Mensch auch alle vorhanden gewesenen menschlichen Grundzüge, das ganze irdische Leben nicht nur am guten Leben zu halten, sondern auch für immer zu erhalten. Ein Leben zu retten bedeutet, auch das ganze irdische Leben am Leben zu behalten. Irdisches Leben zu zerstören bedeutet, immer auch unwiderruflich sich in der ganzen menschlichen Seele zum Tier zurückzubilden und sich irgendwann den kompletten Anspruch auf ein neuerliches Leben zu zerstören. So grausam wie das böse irdische Leben gegen andere Mitmenschen vorgeht, so unwiederbringlich wird die ganze Möglichkeit auf das ewig gute Leben und so wird die zu 100% zerstörte Möglichkeit auf ein neuerlich irdisches Leben zu 100% zerstört. Alles irdische Leben ist auf den momentanen menschlichen Gesamtseelenzustand abhängig, der, solange die Menschheit das ewig gute Leben nicht erreicht hat, immer wieder von den speziell guten Menschen auf einen Wert von 100% ausgeweitet werden muss, damit endlich der ganze irdische Mensch gelernt hat, im guten Sinn sich gemeinsam gut weiterzuentwickeln, um die geforderte Gesamtgröße der Menschheit zu erreichen, damit das ewig gute Leben auch irgendwann im ganzen irdischen Leben auf der ganzen Welt Erde ewiglich existieren könnte, da es dem Menschen auch gegeben ist, für sich selber das ewig gute Leben zu erkennen, zu definieren und vor allem auch im Universum zu finden. Welcher Mensch auch immer mit der Materie der guten Ewigkeit in Berührung kommt, wird im selben Moment auch zeitgleich in ein ewiglich lebendiges Lebewesen umgeformt werden, doch wenn dieser Mensch noch eine Kleinigkeit an Bösem in seiner menschlichen Seele vorhanden hätte, würde dieser ganze bösartige Bereich wie ein

Fremdkörper abgeschält werden und aus der menschlichen Seele herausfallen, sich selber zerstören und verenden. Das Geld der Welt Erde macht aus dem Menschen ein komplettes Tier, denn jeder Mensch, der dem ganzen Geld nachrennt, ist verdorben genug, um seiner ganzen Geldlust Folge zu leisten und alle anderen Mitmenschen dann danach anzustellen und sogar gar nicht mehr zu beachten, nur, um viel Geld in kurzer Zeit zu machen und um immer noch irdisch reicher zu werden. Der wahre Reichtum des Menschen liegt immer noch dabei, das gute irdische Leben gut zu bewahren, aber nicht, um es dem irdischen Sterben zu überlassen oder es bewusst zum Sterben zu bringen, weil es mehr als eine große Last gesehen wird, als dass es gut weiterleben dürfte. Jede Form der Rechenschaft ablegen zu müssen, ist für jeden einzelnen Menschen dann der Beweis, dass dieser Mensch der puren Unterdrückung unterworfen ist, wenn es keinen guten Grund dafür gibt, um seine Rechenschaft zu verlangen. Denn wenn man Rechenschaft abzulegen hat, dann immer nur, wenn schlechte Handlungen mit anderen Mitmenschen gemacht wurden, um sich selber zu bereichern, und nichts Gutes dabei im Schilde gewesen ist. Warum manche Menschen immer Rechenschaft abzugeben haben, ist auf dem ganzen Planeten Erde der blanke Gräuel von dem, was tatsächlich immer und immer wieder tagtäglich auf der ganzen Welt Erde nicht gut abläuft, da die ganze Bereicherung von allen Mitmenschen immer mehr zunimmt und somit aber auch alles Schlechte zunimmt, ohne dass der Mensch es so will. Jede Rechenschaft ist das pure Zeugnis von entstandenen Missverständnissen, die niemals als wirklich gut gelten werden können, da allein diese Konstellation zeigt, wie unausgeglichen die Menschheit in sich drinnen in Wahrheit auch ist, da die Rechenschaft die Folge von großen Ungereimtheiten darstellt. Außerdem ist jede Form der Rechenschaft, sich auf etwas zu beziehen, dass man bei keinem anderen Mitmenschen tun kann, da jeder Mensch die ganze Verantwortung bei sich selber trägt, was mit diesem Menschen vor sich zu gehen hat oder sollte. Der Mensch hat immer nur dann Rechenschaft abzugeben, wenn er etwas nicht gut gemacht hat. Immer wenn Gott Rechenschaft vom Menschen verlangt, dann kommen unzählige Menschen um, denn Gott ist die höchste Instanz, die diese Welt Erde regiert. Gott ist nicht nur die irdische Darstellung von dieser höchsten Instanz, der alles möglich ist, ohne dafür Rechenschaft abgeben zu müssen. Gott hat die 10 Gebote einführen lassen, um damit die ganzen Verfehlungen des Menschen, der Rechenschaft zu unterstellen und die 10 Gebote über den Menschen selber zu stellen, um damit zu veranschaulichen, dass der ganze Mensch dabei sehr viel mehr als nur unterlegen ist, aber nicht sein sollte. Die 10 Gebote, an die sich der ganze Mensch bewusst nicht zu halten vermag, zerstören in der gleichen Zeit auch die von Gott erschaffene menschliche Seele immer noch mehr und dies geht so lange vonstatten, bis von der menschlichen Seele nichts mehr übrig ist. Gott kann geben, aber auch mit der Folgewirkung der Einführung der 10 Gebote wieder alles zu sich zurücknehmen, um es anderen zu geben, die seine ganzen Gebote nicht brechen. Die 10 Gebote sind deswegen für Gott so wichtig, da sich die einzelnen Gebote miteinander ergänzen und in runder Form die ganzen Rubriken des ganzen irdischen Lebens ausfüllen und sich somit auch vollständig miteinander so verbinden, und sich, als Ganzes gesehen, die Darstellung von Gott selber damit ergibt. Wenn etwas wie die 10 Gebote von Gott selber kommt, dann stellt das wiederum auch im gleichen Moment Gott selber dar und mit der Nichteinhaltung der 10 Gebote fügt sich auch im gleichen Moment alles irdische Leben seiner ganzen Bestimmung immer mehr und mehr, denn keinem einzigen Menschen auf der ganzen Welt Erde ist es gegeben, alle 10 Gebote permanent einzuhalten, da es für den ganzen Menschen viel zu schwierig sein würde, diese 10 Gebote bis ins kleinste Detail befolgen zu können. Wer alle 10 Gebote bis ins kleinste Detail erklären und auch einhalten kann, wäre Gott selber in der Gestalt des Menschen. Gott wusste bereits vorher, dass der ganze Mensch die 10 Gebote auf der ganzen Welt Erde nicht restlos einzuhalten im Stande ist, aber da diese 10 Gebote die Vorgabe für jeden irdischen Menschen ist, die nötig wäre, um als Mensch vollkommen zu sein, ist nicht nur die Vorgabe für alle Menschen auf dem ganzen Planeten Erde, sondern ist auch gleichzeitig die ganze Bestimmung von Gott selber in der Person des Menschen. Somit ist es aber auch kein Wettlauf, die 10 Gebote bis ins kleinste Detail einhalten zu können, sondern vielmehr die ganze Aufgabe von Gott selber, der es allen irdischen Menschen zu zeigen hat, wie er auf der ganzen irdischen Welt Erde seine Vorgaben die 10 Gebote zu leben gedacht sind, was ihn als den ersten Menschen dafür machen würde. Die 10 Gebote von Gott sind deshalb so schwierig zu erkennen und auf das irdische Leben zu übersetzen, da allein ein einziges Gebot Millionen von möglichen Gegebenheiten beinhalten kann, um wieder ein neues Gebot vollkommen zu durchblicken, um dieses wieder mit Millionen von möglichen Gegebenheiten einzuhalten und beständig auf das irdische Leben zu übersetzen. Als Gott die 10 Gebote einführte, hat er seine ganze Person auch selber dargestellt, um der ganzen Menschheit, wenn sie dazu bereit ist, zu 100 % zu zeigen, was genau alles mit den 10 Geboten gemeint ist. Und da es eines der schwierigsten Dinge überhaupt auf der ganzen Welt Erde ist, die 10 Gebote zu 100 % einzuhalten, ist es auch nicht realistisch zu sagen, dass sich Gott dabei geirrt hat, oder dass es Gott gar nicht gibt. Wenn es Gott nicht geben würde, dann würde keine einzige Kleinigkeit an Gutem auf der ganzen Welt Erde existieren können, es könnte der Mensch nicht von Gutem und Bösem unterscheiden und niemand wäre da, um Gutes in dem ganzen Menschen erkennen zu lassen. Somit würde alles irdische Leben verkümmern und komplett nach kürzester Zeit verenden. Aber man muss mir das hier nicht glauben, ich zwinge niemanden dazu, doch solange den ganzen Menschen immer und überall der irdische Tod begleitet, aber der Mensch sich nicht als bereit genug macht, um die absolut gute Zukunft von sich selbst auch annehmen zu können, dann dauert es für alles irdische Leben eben immer noch länger, als es überhaupt gedacht gewesen war. Alle irdischen Menschen, die es ausschließen können, sich einem oder mehreren der 10 Gebote Gottes unterworfen zu haben, werden es niemals zum ewig guten Leben schaffen können, da sich damit die menschliche Seele bereits deformiert hat und in sich selber in Zwiespalt steht, sodass die Seele nicht mehr als 100 % Mensch zu gelten vermag und somit zur gleichen Zeit eine dementsprechende seelische Größe angenommen hat, die wiederum bei allen irdischen Menschen die vorhandenen Unterschiede verursachen, dass niemand mehr die gleiche seelische Größe bei sich hat, um dem eigenen Mitmenschen zu gleichen. Somit kristallisiert sich bei jedem einzelnen Menschen der definierbare Unterschied zum anderen Mitmenschen von ganz selber heraus und bestimmt das ganze restliche Dasein dieses jeden und einzelnen Menschen. Also wenn ich meinen ganzen menschlichen Zweck noch immer nicht erkannt hätte, wie könnte ich solche Gegebenheiten dann überhaupt ansprechen oder in einem Buch niederschreiben. Es wäre mir nicht möglich, derartige Weisheiten an die Oberfläche des ganzen irdischen Lebens zu bringen. Aber ich bin nun einmal auf einem viel mehr als gut zu bezeichnenden Lebensweg als sehr viele andere Mitmenschen auf der ganzen Welt Erde und bin mir des ganzen Guten, das ich hier niederschreibe auch zu 100 % bewusst, denn ich weiß und verstehe auch wieder zu 100 %, wenn ich sage, dass man alles, was man auf der ganzen Welt Erde bei sich selber vermeiden sollte, auch niederzuschreiben, damit man erkennen kann, was alles dann noch übrig bleibt, was dann wohl und ganz als das Gute zu bezeichnen ist.

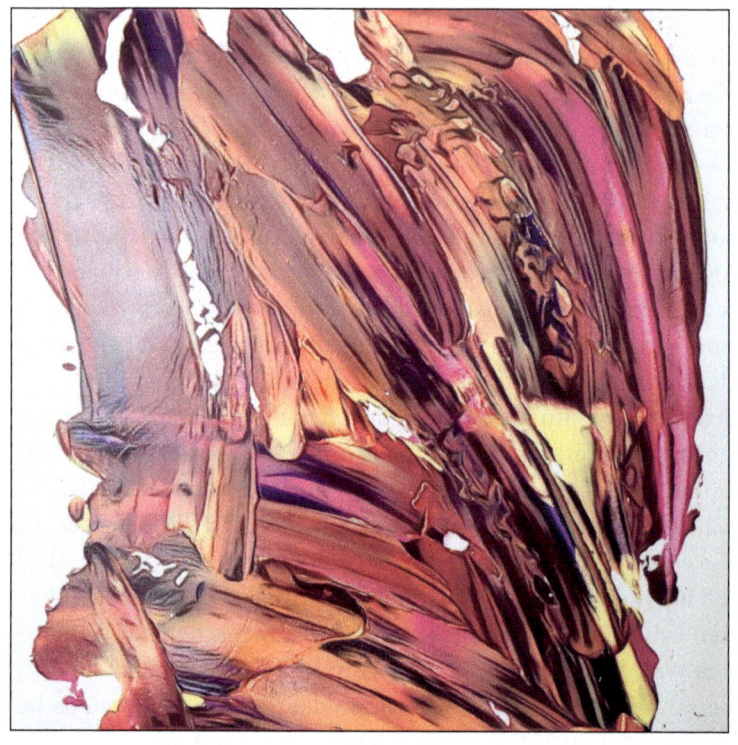

Doch wie könnte man gut leben können, wenn man vorher nicht im menschlichen Lernen all die Dinge im Leben, die man absolut nicht machen will, bei sich selbst zu 100 % auszuschließen hat, um dann sowieso in der menschlichen Seele alles Gute zur gleichen Zeit zu erhalten, das einem dann, wenn die menschlich und 100 % an Gutem von guter Materie erreicht werden konnte, auch in der menschlichen Seele eine ganz feste und unzerstörbare Struktur erreicht hat, um ewig Bestand zu haben, dann kann ich jetzt von mir sagen, dass ich alles Niedergeschriebene bis hierher zu meinen eigenen Gunsten zu nutzen vermag, aber niemand anderes und somit kann ich auch zu meiner eigenen Bestimmung bei meinem jetzigen irdischen Leben behaupten, dass ich zwar mit meiner ganzen Erkenntnis von gut und schlecht keinen einzigen ebenbürtigen Mitstreiter haben kann, da es jetzt nur noch mir obliegt, meine Wahrnehmungen zu vermitteln, wie ich es für gut empfinde, weil ich hiermit schon meine eigene letzte Bremsbarriere auflösen konnte, um meinen eigenen guten Lebensweg, so wie ich das für richtig halte, auch jetzt gestalten kann, ohne dass mich daran noch jemand anderes als Mitmensch abhalten könnte. Es ist niemanden mehr möglich, mich an meinem guten irdischen Lebensweg zu hindern, komme da, was wolle, aber selbst das ist nicht mehr nötig zu sagen. Wer es vermag, alles Böse bei sich selber auszuschließen, weil er es bei seinem ganzen irdischen Lebensweg immer zu seiner ganzen Aufmerksamkeit dazugezählt hat, um zu wissen, was alles als schlecht im ganzen irdischen Leben zu gelten hat, der hat gut an sich selber gehandelt, da ihm in seiner ganzen irdisch menschlichen Seele alles Gute damit erhalten geblieben ist, was wiederum auch nötig für ein ewig gutes Leben ist. So viele schlechte Möglichkeiten man für ein schlechtes irdisches Leben erkennen kann, so viele gute Eigenschaften sind in der menschlichen Seele vorhanden geblieben, wenn dabei darauf geachtet wurde, dass den gesamten irdischen Lebensweg über keine schlechte Handlung gegenüber anderen Mitmenschen verübt worden ist. Also wenn der Mensch den Tod ausschließen könnte, erst dann könnte die ganze Menschheit ganz gerettet sein, da die ganze Menschheit es bewusst verstehen könnte, dass nicht der Tod das Ende des Menschen ist, sondern die ganzen Handlungen, die gegen sein eigenes gutes Weiterkommen vorhergehen, um ihn am Erreichen des ewig guten Lebens zu hindern, weil dann damit auch alles irdisch Böse komplett aussterben würde. Wer bis hierher schon gelesen hat, kann auch wiederum klar und deutlich erkennen, welche menschlich seelische Weiterentwicklung ich bis jetzt genau mit allem hier erreichen konnte, um mich im Guten zu definieren. Ich will einmal damit anfangen, ob es irgendeinen Ort auf der ganzen Welt Erde geben kann, an dem noch niemals Blut vergossen wurde, denn dann wäre dieser Ort der einzige Ort auf der ganzen Welt Erde, der dann noch als unberührt gelten kann, doch da das nicht möglich sein kann, wird immer, solange das ganze Blutvergießen nicht aufhört, der Tod der ständige Begleiter des gesamten irdischen Lebens sein und somit auch alles Nötige für die ganze Ewigkeit der Menschheit auch verhindert. Ich kann jetzt erkennen, dass, wenn ein einziger Mensch seine 100 % an Gutem erreichen konnte, auch alle anderen Mitmenschen nach und nach ihre ganzen 100 % an Gutem ebenfalls erreichen können würden, da in der gesamten Entwicklung der ganzen Menschheit immer auch ein einziger Mensch es vor allen anderen geschafft hatte, sich sehr weit im Guten weiterzuentwickeln, im Gegensatz zu allen seinen anderen Mitmenschen dieser Zeit. Der Mensch, der es schafft, seine ganze Entwicklung gut voranzubringen, der bringt auch die gesamte irdische Entwicklung des gesamten irdischen Lebens im Guten voran, denn alles Gute, das eine einzige Generation gut machen kann, ist dann für die darauffolgende Generation wiederum der neuerliche Startbeginn für die Weiterentwicklung, da alles Gute zur vorhergehenden Zeit immer der neuerliche Ausgangspunkt des Beginnes der neuen Generation ist. Der erreichte Gesamtwert an Gutem ist der neuerliche Ausgangspunkt der neuen Generation. Wie kann ein einzelner Mensch es für alle anderen Menschen auch schaffen, das ist die Frage, die mir bis hierher nie aus dem Sinn gekommen war, und nun kann ich es mir selber erklären, denn das ganze Gute ist zusammenhängend, aber alles Böse ist immer zerstreuend und auseinanderlebend gemacht. So ist es nicht verwunderlich, dass mir meine ganzen Worte sehr gut gefallen, die ich hier schreibe. Nun habe ich auch meinen ganzen Glanz in meinem ganzen jetzig irdischen Leben erkennen können, denn mir ist es bestimmt, das ewig gute Leben zu beschreiben, zu formulieren, zu erkunden und niederzuschreiben, denn alles, was ich bis nun niedergeschrieben habe, war die irdische Suche danach, obwohl ich gefühlt schon mehrere irdische Jahre über dieses unendlich ewig gute Gefühl schon in meiner ganzen menschlichen Seele empfinden dürfen habe, aber jetzt meine ganze menschliche Seele zu einer ganz festen Kontur, verbunden mit einer ganz festen Struktur werden konnte. Nun habe ich nicht mehr das Bedürfnis, jemanden zu der Belehrung zu bringen, die es bei sich selber immer fort an braucht, um zu einem guten Gesamtwert an gutem Lebensinhalt schlussendlich auch zu gelangen, um dann zu erkennen, dass man wiederum nicht mehr wieder immer wieder von 0 anfangen zu müssen, denn damit ist der ewig gute Entwicklungsfortschritt auf ewig gut übergegangen und im ganzen irdischen Leben ist die doppelte Menge an möglichen Einflussnahmen auch in Wahrheit möglich, da das Gute und das Schlechte in der ganzen Welt Erde existentiell sein können. Ich kann jetzt mittlerweile von mir behaupten, dass ich zu 100 % die letzten irdischen Jahre bei jedem irdischen Moment gleichzeitig mit meiner ganzen menschlichen Seele auch immer das Gute am Leben bei mir selber erhalten habe, da ich es für mich schaffen konnte, keinen einzigen Millimeter von meinem irdisch guten Lebensweg abzuweichen und bei jeder guten Lebenserkenntnis nicht nur in der Theorie mich gut weiterzuentwickeln, sondern noch viel besser auch in der praktischen Übersetzung auf das irdische Leben auch zu meinem eigenen irdischen Leben habe machen können. Es gefällt mir, dass ich seit mehr als 10 irdischen Jahren in meiner ganzen menschlichen Seele nicht mehr stehen geblieben bin, sondern dass ich mich einem lebendigen Lernprozess von mir selbst unterzogen habe, um endlich meinen eigenen Lebensfrieden in der Selbstzufriedenheit meiner eigenen Person gegenüber zu erhalten, dass ich den ganzen Lebenslernprozess auch als meine eigene Chance auf eine ewig gute menschliche Seele gesehen habe, was ich unbedingt für mich selber erreichen wollte, weil ich es gesehen habe. Für mich war alles, was mit meiner menschlichen Seele zu tun hatte, immer ein komplettes Muss, das ich als meine oberste Priorität immer schon gesehen habe und das deshalb für mich meine ganze, aber auch größte Errungenschaft zu sein schien. Nun habe ich keine negativen Bedenken mehr, dass ich noch einmal auf ein menschenunwürdiges Niveau meiner menschlichen Seele zurückfallen könnte, denn der ganze gute Lebenslernprozess fühlte sich zeitweilen so an und jetzt eben komplett nicht mehr. Es fällt mir auch jetzt nicht mehr so schwer, angestrengt nachzudenken, welche guten Lebensweisheiten ich hier in diesem Buch niederschreiben sollte, damit ich selber alles, was ich genau hiermit formuliert habe, auch selber im Guten verstehen kann und zu 100% auch auf das irdische Leben im praktischen Sinn übersetzen kann und eben alle negativen Weisheiten, die mich selber am guten Lebensentwicklungsverlauf zu hindern versuchen wegzulassen, aber wenn sie nicht von mir vorher in diesem Buch angesprochen worden sind, dann hätte ich auch nicht meine eigene sogenannte innerlich seelisch gute Mitte gefunden und wäre jetzt nicht so weit, es befreit zu erkennen, damit ich es jemanden auch schildere. Meine ganze Psyche ist vollkommen anwesend und verändert sich nicht mehr ins Negative. Ich habe auch keine negativen Gedankengänge mehr, die mich in meinem ganzen und guten Lebensfluss daran gehindert hatten, mich auf eine negative Art und Weise auch negativ zu beeinflussen, damit ich buchstäblich von meinem guten Vorhaben, meine ganze menschliche Seele, davor zu bewahren konnte, damit sie nicht irgendwann komplett absterben könnte und ins komplette Negative verkehrt werden würde und somit für immer und ewig für mich selbst retten konnte. So konnte ich mich soeben vollkommen vor allem Negativem dieser ganzen Welt Erde für immer und ewig retten, denn ich habe es endlich für mich selber geschafft. Mir gelingt es jetzt sehr viel angenehmer, gelassener, ruhiger, klarer und präsenter, meine ganzen Worte hier zu formulieren, ohne lange nachdenken zu müssen. Es ist bemerkenswert, wie schnell ich die gegebenen Sätze zu schreiben in der Lage wurde, denn die letzten 5 Seiten hier habe ich in nicht einmal 35 irdischen Minuten geschrieben und bin ganz und gar verblüfft, wie einfach das jetzt alles bei mir zu laufen begonnen hat. Mir fällt jetzt sehr viel auf, was ich alles für den Erhalt des ewig guten Lebens aufgeben musste, was sozusagen für mich anfänglich so gewirkt hatte, als ob ich immer wieder einen seelischen Tod zu erleiden hatte, es aber in Wirklichkeit jetzt gesehen immer nur die wieder von Neuem an mich herangekommene Lebenseigenschaft gewesen war, mit der ich mich so lange zu befassen hatte, bis ich sie bis zum letzten Detail angesehen hatte und mich damit restlos befasst hatte. Außerdem fühlte ich mich überall immer und immer wieder nur noch alleine mit meinem ganzen menschlich seelischen Zustand, der sich immer und immer wieder veränderte, aber ich niemals bis vor weniger als einer Stunde gedacht hätte, dass es mir tatsächlich gelingen würde, es für mich zu 100 % zu schaffen, dann hätte ich trotzdem an mir selber weitergemacht, um es für mich zu schaffen. Darum sag ich nun jedem, dass man niemals bei sich im Guten aufhören sollte, sich weiterzuentwickeln, aber alles, was Schlecht ist, nicht weiter zu beachten, da alles Schlechte hiermit der vollständigen Selbstüberlassung übergeben wurde und somit auch tatsächlich nicht daran gedacht werden kann, dass es dabei etwas Gutes geben könnte. Ich habe auch keine besondere Lust mehr, hier noch einmal einen Satz zu formulieren, in dem der ganze Mensch vorkommt, denn ich bin nicht für alle irdischen Menschen zuständig, oder wollte mich in ihren Seelen einmischen, sondern konnte damit meine ganze Sichtweise auf die ganze Menschheit bringen, um somit auch alles Menschliche zu betrachten, um es mir auch selber erklären zu können, wenn das überhaupt möglich ist. Jedenfalls habe ich es in meiner ganzen Vergangenheit selber zu erklären versucht, aber nie wirklich geschafft, denn ich war noch nicht zu 100 % der gute Mensch, der ich jetzt geworden bin, sondern ich versuchte, aus meiner ganzen seelischen und teilweise beklemmenden Lebenssituation ins gesamt Gute zu gelangen, doch ich war noch nicht 100 % ich selber, in meinem ganzen Guten und die 1 ½ irdischen Stunden, die seither vergangen sind, haben mir gezeigt, dass ich ganz geworden bin und es keine andere Möglichkeit dafür geben kann, da ich so schnell wie noch nie mit meinem ganzen seelisch menschlichen Denken geworden bin und es so schnell wie noch nie zuvor im praktischen Übersetzen auf das irdische Leben vonstattengeht und mir alles komplett und ganz bewusst ist, dass ich keine einzige Seelenbremse mehr in meiner ganzen menschlichen Seele spüren kann, was mir wiederum sagt, dass ich jetzt gute Fakten von mir gebe, die hoffentlich widerlegbar sind, aber in sich selber ergänzend wirken, weil sie nun viel lebendiger auf mich wirken und mir somit die nötige momentane menschliche Kraft für alles, was ich mache, geben. Jetzt macht es auch zum ersten Mal wirklich guten Sinn, dass hier Geschriebene jemandem zum Lesen zu überlassen. Mir wird auch klar, dass es nicht schwierig ist, ein Buch zu schreiben, doch ein Buch mit sehr gutem Inhalt niederzuschreiben ist eine Meisterleistung von jedem, der es für sich schafft.

Wir Menschen sind immerwährend auf der Erkundungssuche nach guten Lebenseigenschaften, die uns alle immerfort als Hilfestellung auch unterstützen könnten. Der ganze Fortschritt der Menschen ist kein Werk, das vom schlechten Menschen kommt, sondern immer wieder hat ein guter Mensch den sogenannten guten Entwicklungsweg für alle Menschen ausgedehnt und somit um vieles erweitert. In der ganzen Evolution der Menschheit hat es immer wieder sehr starke Persönlichkeiten gegeben, die den gesamten Lebensverlauf, die ganzen Lebensgewohnheiten, den gesamten Lebensumfang, den zu beziffernden Wert und das gesamte irdische Leben nicht nur geprägt, sondern auch für immer verändert, damit die Menschheit einen immer besser bewohnbaren Planeten für sich selber erhalten kann. Aber nun steht die ganze Menschheit vor einem markanten Wendepunkt in seiner ganzen Lebensgeschichte, denn der ganze Klimawandel ist das negative Ergebnis der ganzen Handlungsweise der Menschheit gegen den Planeten Erde und könnte ohne Beachtung und Gegenmaßnahmen folgenschwere und katastrophale Auswirkungen auf dem gesamten Planeten Erde in der Zukunft entstehen lassen, sodass der ganze Planet Erde immer unbewohnbarer für alle Menschen werden könnte. Doch alles liegt bei der ganzen Menschheit und hat nichts mit einzelnen Menschen zu tun, jedoch wenn die ganze Menschheit gegen den ganzen Klimawandel nichts unternimmt, weil jeder einzelne Mensch dabei seinen guten Teil beizutragen hat, um Schlimmeres in Zukunft auch verhindern zu können, dann kann die Katastrophenrate stark ansteigen, sodass unwillkürlich das gesamte irdische Wetter auf der ganzen Welt Erde sich ins komplette Negative verändert und die Menschheit immer von starken Unwetterformationen betroffen ist. Aber das ganze Szenario ist nicht ganz vorherbestimmbar, aber die Vorzeichen von heutzutage lässt auf ganz schlimme Lebensbedingungen schließen. Doch es ist nicht mein Wille, dass ich die Menschheit vor ihrem Untergang bewahre, da jeder einzelne Mensch dafür selber verantwortlich geworden ist, weil sich die Menschheit heutzutage schon sehr weit weiterentwickelt hat und an sehr viel Fortschritt enorm dazugewonnen hat, was aber wiederum eine sensiblere Lebensatmosphäre für alle Menschen zur ganzen Folge mit sich mitgebracht hat. Aber ich als einzelner Mensch kann mich von den ganzen irdischen Lebensgewohnheiten distanzieren, die eine große menschliche Katastrophe auslösen könnten, oder einfach Lebensgewohnheiten nicht mehr mitmachen, sodass sich alles im kleinen Kreis schon zum Positiven verändert, und so eventuell die ganze irdische Menschheit irgendwann in der nahen Zukunft endlich besinnt aufwachen kann, um dann bei der ganzen Menschheit alles ins Positive zu verändern, damit auch in Zukunft noch irdisches Leben auf dem ganzen Planeten Erde möglich sein kann. Wenn man immer nur darauf wartet, dass sich alles immer zum Positiven verändert, aber selber nicht das Kleinste beifügt, um es auch positiv zu verändern, dann kommt es für alle, die das so praktizieren und auf das irdische Leben übersetzen, immer und jederzeit viel schwieriger als bei einem Menschen, der alles Nötige an Gutem bei sich selber zum Positiven verändert, um ein gutes irdisches Leben auch leben zu können. Es ist nicht einfach, wenn man nicht zu 100% der gute Mensch ist, der man aber sein will und auch sein könnte. Darum existieren ja auf der ganzen Welt Erde immer und überall diese enormen Meinungsverschiedenheiten in jeder Familie und noch viel mehr in der ganzen Bevölkerung. Viele Menschen hadern mit ihrem ganzen Lebensinhalt so sehr, dass ihnen fast keine gute Aufmerksamkeit von allen anderen Mitmenschen auffällt und nur noch ihr eigenes irdisches Leben ableitend beachten. Diese überaus unzufriedenen Menschen können in Wahrheit nichts Gutes mehr als gut sehen, sondern erkennen alles Gute im Schlechten und leben auch ganz bewusst ein überaus schlechtes irdisches Leben der allgemeinen Nichttoleranz des Mitmenschen, der ihnen am Nächsten steht. Ich will der Menschheit nicht behilflich sein, sondern vielmehr zeigen, dass sie momentan in den Untergang zu fallen droht, da die ganzen Hinweise darauf auch bei vielen früheren Hochkulturen bereits zur kompletten Auslöschung geführt hatten, aber jetzt die Menschheit selber Gott spielen möchte, was sie nicht sein kann, denn nur Gott allein weiß zu 100%, welchen Weg er der Menschheit vorgibt und welchen nicht, da das schon in den 10 Geboten enthalten ist und Gott will, dass die Menschheit eine absolut gute Lebensgrundlage erhält, um ewig gut in der Zukunft leben zu können. Doch alle Menschen, die immer nur darauf warten, dass ihnen das Gute geschenkt wird, werden immer wieder von Neuem dazu gemacht, die wahren guten Lebensverhältnisse immer auch anderen Menschen im bodenlosen Überfluss zu überlassen, weil sich diese Menschen ans Zeug machen, etwas auch positiv zu verändern und dabei immer an der ganzen Menschheit vorbei entscheiden können, da ihnen die Bevölkerung die Befugnisse dafür übergeben hat. Wenn sich die Menschheit nicht selber aus eigener Kraft zum Guten hinbewegt, wird jede einzelne kleine Anstrengung dafür wirkungslos im Nichts vergehen, denn wenn nicht die ganze Menschheit im Guten und für jeden Menschen alles Gute als nötig ersieht, kommen immer wieder die großen Bedenken auf, die ein gemeinsames Projekt im Sinne aller Menschen auch immer wieder zunichtemachen. Da ich es jetzt für mich selber geschafft habe, sehe ich das bei allen anderen Mitmenschen genauso und es hat auch damit seinen guten Grund, warum das genau so im ganzen irdischen Leben abzulaufen scheint, weil das ganze irdische Leben ansonsten nicht die Wertschätzung von allen Menschen erhält, die es eigentlich erhalten sollte. Ich schätze mein ganzes irdisches Leben sehr, da ich es liebe zu leben, und obwohl mich sehr viele Lebenseigenschaften auf der ganzen Welt Erde nicht ansprechen, aber trotzdem auf meine ganze Lebensqualität einwirken, doch mich auch sehr gestört haben, jedoch mich nicht weiter beeinflussen können, da ich jetzt sehr gut von allen mir relevanten Lebenseigenschaften besser denn je weiß, dass nicht alles, was als Gut bezeichnet wird, auch gut sein muss. Hier bin ich bei einem sehr brisanten Thema angelangt, denn man sollte sehr viel darüber nachdenken, welche Lebensgewohnheiten man als gut wahrnimmt und welche nicht zu einem passen. Dies habe ich mir mehrere Jahrzehnte über auch in Wahrheit überlegen können, da ich mir die Zeit dafür genommen hatte, darüber nachzudenken. Nicht alles, was früher noch in meinem Leben zu mir gehört hatte, spricht jetzt für mich, doch ist es umso bemerkenswerter, dass ich vieles von früher bereits schon längere Zeit von mir ausgeschlossen habe, damit ich auf meiner ganzen Suche nach der Quelle meines ganzen Lebens auch zum guten Erfolg gelangen konnte, was ich jetzt auch zu 100 % gemerkt habe. Dass sich jemand in seinem ganzen irdischen Leben niemals Gedanken zu machen braucht, ob alles auch wirklich gut ist, was so als gut bezeichnet wird, halte ich fast für unmöglich, denn auf der ganzen Welt Erde herrschen die gleichen Lebenseinflüsse wie gut und schlecht zeitgleich, doch jeder Mensch, der es für sich restlos zu 100 % bereinigen kann, wird auch seinen 100 % guten Menschen in seiner ganzen menschlichen Seele finden. Der wahre Sinn der Menschheit ist erst dann zu erkennen, wenn man zu 100 % am Guten innerlich gewachsen ist, da man ansonsten gar keine guten Dinge erkennt, weil man immer nur am Schlechten festhält, obwohl man das so auch niemals will. Ist es wirklich gut, wenn wir uns immer nur um alles streiten, damit wir mehr als der andere Mensch besitzen? Ist es wirklich gut, wenn ich dir sage, was du zu tun hast, damit ich das Sagen habe? Ist es wahrlich gut, wenn du andere Menschen mit deinen Worten oder sogar mit deinen Fäusten verletzt? Darf es als gut empfunden werden, wenn sich Menschen an ihren Mitmenschen in allem bereichern? Macht es die Menschen gut, wenn sie alles von einem verlangen, aber selber nichts geben wollen? Es gibt so viele Fragen, die immer noch unbeantwortet geblieben sind, aber dennoch sehr viel mehr von dem ansprechen, was nicht zu passen scheint. Nur wer das Gute im Leben bei sich selber finden kann, weil es alle Menschen so tun können, sind in Wahrheit die Menschen, die die ganze Welt Erde regieren und nicht die ganzen unnützen Menschen, die nichts anderes in ihrem ganzen irdischen Leben gelernt haben, als alle ihre Mitmenschen bei allem zu überlisten und zu täuschen. Soll es mit dem ganzen irdischen Reichtum der Menschheit schön langsam zu Ende gehen, oder wird die Menschheit hier auf der Welt Erde seinen Ressourcenplan auf einen uns nahe gelegenen Planeten stützen können, um andere und womöglich viel nützlichere Ressourcen holen zu können? Ja, die Menschheit kann es schaffen, aber erst wirklich dann, wenn die ganze

Menschheit sich selber im unterstützenden Wirken auch wirklich unterstützt und nicht in Zwiespalt mit sich selber permanent konkurriert und sich permanent dadurch immer wieder von Neuem selbst ausbremst. Komisch ist schon, dass die großen Anstrengungen vieler Menschen nicht genug sind, denn es braucht schon die Anstrengungen aller Menschen, damit die Menschheit im Gesamten auch weiterkommt und sich neue Ressourcen bei anderen Planeten für den Erhalt des Menschen, für die Zukunft gesichert werden können. Es ist nicht wichtig, dass jeder einzelne Mensch mehr Reichtümer als der andere Mitmensch zur Verfügung hat, sondern dass alle Menschen genügend gute Lebensbedingungen haben, um gemeinsam zu wachsen, und nicht, dass immer nur ausgewählte Personen immer mehr als alles haben können, was aber in Wahrheit sowieso nicht förderlich für ein gemeinsames Wachstum ist, aber wie gesagt immer nur einzelne Personen im vollen Umfang fördert. Momentan verhält sich die Menschheit überhaupt nicht als ein einziger Organismus und macht permanent immer wieder den gleichen Fehler, wieder und wieder, aber es sieht auch alles so aus, als ob die Menschheit nicht mehr wirklich dazulernen will, was aber in Wahrheit überhaupt nicht der Realität entspricht. Die Menschheit ist stark angewachsen in den letzten Jahrzehnten, doch das ist für die Menschheit nicht das vorhandene Bremsen, das den Menschen an seinem guten Fortschritt hindert, denn es ist die Menschheit selber, die sich daran hindert, dass das gesamte irdische Zusammenleben für jeden einzelnen Menschen besser gelingen kann. Und jeder einzelne Mensch, der im Guten nicht mitmacht, der geht für immer verloren, denn die Menschheit hat immer wieder ein gemeinsames Grundziel und wenn das eine gute Niveau der ganzen Menschheit erreicht wurde, steht schon das nächste Zielniveau an, um erreicht zu werden. Doch zurzeit verlieren sehr viele Menschen den wahren Sinn für ihr ganzes irdisches Leben und deswegen kann man dabei erkennen, dass die gesamte Menschheit im kompletten Umbruch ist, dass die ganze Menschheit auch mitmachen muss, um in der Zukunft sich nicht selbst auszulöschen, denn selbst die vorhandenen Ressourcen auf der ganzen Welt Erde gehen immer mehr zur Neige, sodass sich die ganze Menschheit auf Sparflamme zu setzen hat, um das auch noch zu überleben. Doch warum muss die Menschheit immer wohl schwierige Zeiten meistern oder überleben? Das ist immer nur von der ganzen Menschheit selber abhängig, aber niemals vom Zufall so verursacht worden. Die Menschheit macht sich die ganzen Schwierigkeiten in ihrem ganzen irdischen Leben selber und erkennt das Ganze nicht. Wenn es für jeden Menschen eine oberste Verdienstgrenze pro Jahr und pro Person geben würde, dann könnte alles viel einfacher in der gesamten Bevölkerung verteilt werden, denn was für viele Menschen im Jahr gesehen sehr gut reichen würde, verbrauchen heutzutage immer nur wenige Menschen, die sehr reich an irdischem Reichtum und Besitz sind. Umso länger sich die Menschheit wie ein Tier benimmt, umso schwieriger und mühevoller wird der ganze Weg der ganzen Menschheit sich dann fügen, denn alles auf der ganzen Welt Erde wird nach der ganzen Entscheidung aller Menschen einer Reihung unterzogen und auch unterworfen, sodass die ganze Unwillkürlichkeit dann auch wieder jeden einzelnen Menschen mit grausamen Gegebenheiten treffen kann, die sich zeitgleich auch auswirken können, da die Menschheit mit ihren ganzen irdischen Entscheidungen auch eine gewisse Unwillkürlichkeit in sich beinhaltet. Alles, was die Menschheit macht, im Leben tut und ans Leben ruft, gelangt auf die Waage der Gerechtigkeit, die alles in allem gemachten Entscheidungen aller Menschen, die zwar bereits gemacht wurden, aber doch nach dem Schema des Guten und auch des Bösen Gemachten in den ganzen menschlichen Topf gelangen, oder eben auch nicht. Man kann die Menschheit schon in einen Topf geben, aber das ist in Wahrheit bereits ein tierischer Grundpunkt, der den ganzen Menschen im Topf auch kochen möchte und dabei eine nicht menschliche Darstellung der eigentlichen Gegebenheiten darstellt. „Ich fühle mich tierisch glücklich" ist auch so eine Formulierung, die ein glückliches Tier beschreibt, aber in Wahrheit nicht wirklich was Gutes mit dem Menschen macht, der es immer wieder verwendet. Ich liste hier jetzt nicht alle solche tierischen Formulierungen auf, denn es ist immer schon die Sache von: Entweder ist man ein Mensch oder ein Tier.

Was nun, wenn die glorreichen Tage der Menschheit vorüber sind und nicht mehr ans Leben gebracht werden können, da es ein großes Versäumnis für die ganze Menschheit bedeuten würde, sich einer einzigen Grausamkeit zu widmen, denn jede einzelne Grausamkeit bedeutet auch den unwiderruflich ewigen Tod der ganzen Menschheit oder immer nur den vereinzelten Mensch, der bei allem immer mitmacht, egal ob gut oder schlecht, der wird untergehen, denn wer nichts Gutes dazulernt und alles Schlechte mitmacht, hat schon verloren. Jeder Mensch, der an Gutem nicht dazulernt, verliert immer mehr an gutem Boden und macht sich immer mehr auf den abgrundtief haltlosen Weg des Bösen und schlechten Weges, sich komplett zu zerstören. Wer also nichts Gutes in seinem ganzen irdischen Leben lernt, dem bleibt immer nur alles Schlechte und Böse über, und besonders lernen die Menschen immer erst dann vom Guten, wenn es bereits fast zu spät für einen guten Wert im Leben ist, da alles Vorhandene immer nur für etwas Schlechtes nunmehr ausreicht, sodass schwere Krankheiten in der Regel dieses überschwängliche Leben auslöschen können, ohne noch Rücksicht auf die vorhandenen Lebensumstände zu nehmen, da jede Krankheit immer auch eine todbringende Wirkung hat, aber immer nur die Menschen davon geheilt werden können, die dem ganzen irdischen Leben gegenüber noch immer einen mehr als außergewöhnlich guten Lebenswert übermitteln können, ansonsten sind die ganzen Überlebenschancen immer am geringsten. Alle Menschen, die einen extra guten Lebenswert für alle anderen Mitmenschen vorleben können, weil sie diesen guten Lebenswert aufgrund eines überaus prägnanten Lebenswandels mit den eigenen Erfahrungen auch mit anderen Mitmenschen teilen, um den ganzen Rest der Welt Erde und alles irdische Leben zu überzeugen, sich nicht auf irgendetwas Schlechtes im ganzen irdischen Leben einzulassen, da alles Schlechte keinen Bestand haben kann, aber alles Gute einen ewigen Bestand enthält, auch beinhaltet und in sich drinnen hat, dann wird das ganze Leben erblühen. Schau dir mal die ganzen guten Geschichten der wahren Begebenheiten einzelner Mitmenschen an, die in den Medien geschildert werden. Es befindet sich absolut keine einzige Lebensgeschichte im schlechten Kontext darin, da immer nur die Geschichte vermittelt wird, wie man aus einer schier komplett schlechten Begebenheit in eine überaus gute Begebenheit übergehen kann und wie der ganze gute Entwicklungsprozess so im Laufe der Zeit vonstattengegangen ist, oder eben vollzogen worden ist. Eine gute Lebensgeschichte beinhaltet immer auch einen schlechten Lebensstil, der überwunden wurde und ins komplett Gute übergegangen ist, oder eben vollzogen wurde. Alles irdische Leben ist so einfach gestrickt, wie es gelebt wird, denn so gut man alles wahrlich Gute am Leben erkannt hat, so gut kann man auch alles im ganzen irdischen Leben auf das ganze irdische Leben übersetzen und wahrhaft auch leben. So schlecht, wie man am irdischen ganzen Leben wahrhaft Gutes erkennt, so schlecht wird man es im ganzen irdischen Leben dann auch immer und überall vorfinden, denn alles Gute wird dann so sehr unmöglich zu erkennen und dann noch viel schwieriger auch zu leben, weil man immer und überall nur noch Schlechtes und Böses erkennen kann, aber eben nichts Gutes mehr. Es kann eine gute Lebensgeschichte niemals einen schlechten Lebenswert beinhalten, da das ganze Leben immer und auf der ganzen Welt Erde nur etappenweise an gutem Wahrnehmen imstande ist und auch in zeitgleicher Art und Weise auf das irdische Leben übersetzen oder übertragen kann. Bei jeder guten Lebensgeschichte kann etwas Ähnliches gleich gut gemeistert worden sein und jede Lebensgeschichte enthält immer einen neuen guten Inhaltsstoff, der auch immer in gleicher Art und Weise auch vom Rest der ganzen Welt zeitgleich und auf ganz unbewusstem Wege übernommen und auch gelebt wird, sodass sich in gleichem Maße auch das restlich ganze irdische Leben ebenfalls im ganzen Guten weiterentwickeln kann und sich auch weiterentwickelt, denn jede einzeln gute Lebensgeschichte beinhaltet auch alles Nötige für den ganzen Rest des gesamten irdischen Lebens im selben Moment, wo die schlechten Hürden auch nur von einem einzigen Menschen in guter Art und Weise überwunden wurden. Genau so läuft das im guten irdischen Leben. Ein Mensch überwindet für alle anderen Menschen eine schlechte Hürde und macht den guten Boden im schlechten Leben für alle anderen gut, damit wieder alle anderen Mitmenschen ebenfalls eine größer werdend gute Lebensoberfläche damit erhalten können, um immer mehr einen guten irdischen Lebensbedingungsboden oder eine bessere Lebensfläche vorfinden zu können, um ein gutes irdisches Leben überall auf der ganzen Welt Erde irgendwann auch leben zu können, weil an der gesamten Menschheit nichts Schlechtes mehr gelebt wird und somit auch auf der ganzen Welt Erde nur noch die guten Lebensbedingungen lebendigen Boden auffinden und damit alles Schlechte der ganzen Vergangenheit angehören würde. Alles irdische Leben hat immer nur überleben können, weil es immer in jeder Generation Menschen gegeben hat, die eine absolut gute Lebensgeschichte auf das irdische Leben übersetzt haben und für alle anderen Mitmenschen auch vorgelebt haben. Somit kann man sehr wohl erkennen, dass die gesamten irdischen Lebensbedingungen auf einem Geflecht an schlechten Eigenschaften und Absichten beruhen, aber jedoch immer mehr an schlechtem Boden auf der ganzen Welt Erde verlieren, da schön langsam immer mehr alles Gute überwiegt und an gutem Boden dazugewinnen kann. Man sollte auch nicht aufgeben, sein gutes irdisches Leben zu zeigen, auch wenn immer noch ein ganz schlechtes irdisches Umfeld vorherrschend regiert, wo Menschen aufgrund ihrer ganzen Lebensvorteile andere Mitmenschen in allem unterdrücken. Man sollte wirklich niemals aufgeben, sein gutes irdisches Leben auch zu leben, auch wenn man permanent auf Widerstand trifft und weil man auf Widerstand trifft, bedeutet das immer, dass alles andere irdische Leben an einem vorherigen Lebenswert festhält, der immer schon so gelebt wurde, im gesamten Umfang verteidigt wird, weil einige Menschen von den vorhandenen Gegebenheiten auch immer wieder mehr als andere profitieren und für sie ihr ganz reiches irdisches Leben als gut gegenüber allen anderen empfunden wird, was aber in Wahrheit nicht gut sein kann, da es alle anderen Mitmenschen im Ganzen gesehen unterdrückt, denn wenn sich auch nur ein einziger Mensch beim vorhandenen Material zurücknehmen muss, dann herrscht bereits Unterdrückung. Wenn Unterdrückung herrscht, dann ist das immer auch gleichzeitig das Zeichen dafür, dass das gesamte irdische Leben auf der ganzen Welt Erde immer auch im guten Umbruch zu sich selber im Gesamten gesehen steht, aber eben auch, dass die gesamte Menschheit zu einem immer noch größer werdenden guten Lebenswert überzugehen versucht, um einen noch besseren Lebenswert für alles irdische Leben erhalten zu können. Momentan versucht die Menschheit immer auch ein weiteres gutes Stück an sich selber zu wachsen, was wiederum auch bedeutet, dass die Menschheit einfach noch nicht im Gesamten mit sich selber im Reinen ist, obwohl die Menschheit danach strebt, irgendwann zu 100 % im Reinen zu sein, damit auf der ganzen Welt Erde auch immer und überall dann jeden Moment auch alles Gute gelebt werden kann, sodass sich das ganze irdische Leben auch im Guten immer nur noch im Guten steigert, um immer noch besser zu werden, bis irgendwann dann ein gesamter Menschheitswert an Gutem erreicht wird, der wiederum ein ewig gutes irdisches Leben für immer und ewig gewährleisten können wird. Aber bis dahin vergehen nicht Jahrzehnte, sondern Jahrhunderte auf der ganzen Welt Erde. Die ganze Welt ist auch nicht vom allergrößten Menschen abhängig, aber in der Menschheitsgeschichte wurden große Persönlichkeiten immer fälschlicherweise als die Größten dargestellt, obwohl jeder einzelne Mensch dem Ganzen, also der ganzen Menschheit, allein mit seiner ganzen Existenz Gutes beifügen wird, da die Menschheit damit die größere Chance hat, um überhaupt gut überleben zu können. Niemand auf der ganzen Welt Erde hat das Recht, zum Größten erklärt zu werden, da es sowieso nicht verstanden wird, dass auf der ganzen Welt Erde bei jedem einzelnen Lebewesen eine unterschiedliche Größe an Erfahrungen, Werten, Charakterstufen und Verfassungszuständen enthalten sind, was auch den gegenwärtig allgemeinen Zustand dann entstehen lässt, der sich bei jedem Menschen grundlegend bei allem unterscheidet, jedoch sollte sich dieser allgemeine innere Zustand bei allen Menschen ähneln, damit irgendwann die ganze Größe der Menschheit gemeinsam wachsen kann, was aber momentan eine der schwierigsten an guten Möglichkeiten der ganzen Menschheit ist und so schnell von allen nicht erreicht werden kann, da viel zu viel Unverständnis auf der ganzen Welt Erde herrscht. Wer somit jemanden als den Größten bezeichnet, macht sich selber schuldig an der ganzen restlichen Menschheit und allen anderen Menschen, die dabei nicht erwähnt werden, weil damit die Erniedrigung von sich selber und dem größten Menschen immer der Fall ist, da dabei alle anderen Menschen restlos nicht zur Beachtung gelangen können und immer nur die Allerwenigsten zu einer außergewöhnlichen Bestimmung gelangen können, aber dabei niemals die ganze Menschheit auch Beachtung erhalten könnte. Wenn der Mensch Größe zeigt, dann immer erst dann, wenn dieser Mensch sehr viel Schlechtes in seiner ganzen Vergangenheit erfahren hatte. Und um für sich selber und für alle anderen Mitmenschen, an die dieser Mensch auch denkt, ebenfalls alles am irdischen Leben für die ganze Menschheit im guten Sinn des ganzen Zusammenlebens und dem ganzen Miteinander vollkommen gute Verhältnisse zu vermitteln, damit der gute Quellwert allen Lebens zur vollen Wirkung kommen kann, da dieser gute Quellwert immer schon für alles irdische Leben Geltung hatte, aber auch immer Geltung haben wird, weil diese Geltung des guten Quellwertes der Hauptgrund ist, wieso das ganze Leben überhaupt existentiellen Bestand haben kann.

Wer in seinem ganzen irdischen Leben nach Größe strebt, aber dabei alle seine Mitmenschen vergisst, der ist im großen Maß auch voll und ganz selbstsüchtig, hat aber für alle anderen Mitmenschen nichts mehr über, da dieser Mensch immer und überall nur an sich selber denkt, so gesehen in jeglicher Art und Weise falsch lebt. Ich selber werde somit niemals in die Lage kommen, wo ich irgendeinen anderen Mitmenschen vergesse, wenn ich sage, dass jeder Mensch 100 % gutes Potenzial vom Lebensquellcode mitgebracht hat, um dieses gute Potenzial auch dem ganzen irdischen Leben zu übermitteln, dass die ganze Menschheit es verstehen kann, dass alle Länder der ganzen Welt Erde für die gute Zukunft der Menschheit von Nöten sind, um auch alles Gute vom gesamten Guten an die Oberfläche des ganzen irdischen Lebens zu bringen, damit alles Gute im Gesamten dann auch gelebt werden kann. Absolut niemand ist auf der ganzen Welt Erde der Größte, denn das vermittelt immer nur die abgrundtiefe Hierarchie des vergangenen Menschen, der ein Wirtschaftssystem in der ganzen Bevölkerung zu seinen eigenen Gunsten eingeführt hat, um die ganze Unterdrückung der Menschen ausführen zu können. Die als Größte bezeichneten Menschen in der Menschheitsgeschichte sind in Wahrheit immer schon die Allerkleinsten gewesen, die bei absolut keiner Lebenslage für sich selber sorgen konnten, um zu überleben, weil sie die abgrundtief hässlichste Person in ihrem eigenen schlechten Lebenssystem waren, das sie selber so in die Welt Erde berufen hatten, damit das ganze irdische Zusammenleben im guten Sinn geregelt werden sollte, aber immer den schrecklichen Geschmack von Mord und Totschlag in sich selber beinhaltet hatte, aber in Wahrheit niemals zur guten Lebensweise oder einer guten Lebensbedingung gezählt werden konnte, weil immer nur vereinzelte Menschen in diesem Lebenssystem in Saus und Braus zu leben vermochten, aber der ganze Rest der Bevölkerung immer nur die Sklaven dieser kleinen Gruppe von Menschen gewesen sind. Ein demokratisches Wahlsystem enthält wiederum ebenfalls die indirekte Benachteiligung von vielen Menschen, da die ganze Auswahl begrenzt ist, sich die gewählten Menschen immer und überall als höhergestellt gegenüber allen anderen Mitmenschen sehen und weil man sowieso nicht das alles einhalten kann, was davor versprochen wurde. Ich frage mich wirklich, wie ein gemeinsam vollkommen guter Lebenswert erreicht werden kann, wenn da in diesem Lebenssystem Menschen benachteiligt werden, somit kann niemals auch nur annähernd ein gemeinsam guter Lebenswert erzielt werden, weil immer die Unterschiede aller darin enthaltenen Menschen auch dann noch den Unterschied machen werden, wenn es nur noch sehr wenige Menschen in dieser Bevölkerung gibt, weil nicht mehr darauf geachtet wird, welche wahrhaft guten Lebenseigenschaften ein jeder Mensch in dieser ganzen Bevölkerung mitgebracht hat. Jedes demokratische System hat in Wahrheit niemals für alle Menschen in der Demokratie zu 100 % Gutes übrig, denn die Gewinner in jeder Demokratie sind immer die gewählten Personen, die nicht aufhören, sich am demokratischen System satt zu bereichern und sie können sogar noch Gesetze zu ihren eigenen Gunsten und für ihre eigenen Lebensbedingungen schaffen, sodass sie sich immerwährend im Überfluss gesättigt befinden. Jedes demokratische System beinhaltet immer nur die ganze Sättigung weniger Menschen, aber niemals die gesamte Bevölkerung. Warum sollte immer im ganzen Leben der Stärkste überleben können, wenn die Lebensbedingungen für alle nicht gut genug sind, um zu überleben? Diese Formulierung ist immer auch ein Zeugnis von einem wilden Tier, das immer und überall um sein irdisches Leben bangen muss. Wenn man in der Menschheitsgeschichte nachsieht, dann kann man erkennen, dass sich der Mensch überaus so verhalten hatte, wie sich ein Tier verhält, denn obwohl die Menschheit das ganze Sagen auf der ganzen Welt Erde hat, hat aber die ganze Menschheit immer schon dabei versagt, ein Lebenssystem auf der ganzen Welt Erde einzuführen, das sich in allem und für alle in gleicher Art und Weise ergänzt, ohne die Naturgegebenheiten zu zerstören, sondern auch noch im guten Sinn zu fördern. Die ganze Menschheit hat noch nicht wirklich begriffen, dass alles, was nicht vollständig für alle irdischen Lebewesen absolut gut ist, auch kein gutes Dasein bedeuten können wird, da alles mit allem nicht optimal aufeinander abgestimmt worden ist, was wiederum die ganze Aufgabe der ganzen Menschheit ist, weil die ganze Menschheit immer auch alles als erstes Lebewesen auf der ganzen Welt Erde entscheidet. Das ganze Gangleben in den Bevölkerungen dieser Welt Erde ist das ganze Zeugnis all derer Menschen, die immer und immer wieder nur versuchen, ein für alle gleiches Recht durchzusetzen, was aber keiner einzigen Gang auf der ganzen Welt Erde gelingen kann, da dieses sogenannte Gangleben immer und immer wieder in sich selber hauptsächlich die Gewalt miteinander mit sich bringt und im schon verherrlichten Sinne auch wiederum jeden andersdenkenden Mitmenschen als nicht gleich zu definieren versucht und in weiterer Folge auch tut, dass sich die rivalisierenden Menschen dann gegenseitig mit allen Mitteln bekämpfen. Die ganzen Machtkämpfe sind ebenfalls ein reines Zeugnis von alldem, was die ganze Menschheit am allermeisten vermeiden sollte, denn diese Machtkämpfe vergiften alle guten Grundeinstellungen des Menschen und trampeln sie damit in Grund und Boden. Aber nicht nur das, sondern auch vielmehr, werden aufgrund von Machtkämpfen alle Rechte des Menschen mit Händen und Füßen getreten, bis nichts mehr von den Rechten des Menschen übrig bleibt. Was das ganze gute Leben auf der ganzen Welt Erde immer wieder von Neuem vergiftet, ist wieder und wieder die ganze Hässlichkeit, die Gruppen von Menschen verursachen und nur Angst und Schrecken verbreiten, sodass jede kleine gute Lebenseigenschaft im negativen Sumpf erstickt wird, sodass wiederum immer nur vereinzelte kleine Menschengruppen alle anderen Mitmenschen bei allem unterdrücken. Was genau soll das alles für die ewige Zukunft bringen, wenn man sich permanent immer nur den absoluten Vergänglichkeiten im ganzen irdischen Leben widmet, die einem sowieso niemals das ewige Leben geben können, sondern nur immer das, was im ganzen irdischen Leben nicht das wert sein sollte, was es für die meisten Menschen jedoch bedeutet. Auch alle vom Menschen erfundenen Darstellungen, dass immer nur ein einziger Mensch die ganze Menschheit retten kann, ist in der gleichen Art und Weise das gleiche Sinnbild von jemandem, der wirklich alles zu können haben muss, um dem Erlösersinnbild auch zu 100 % gerecht werden zu können. Aber da jedem einzelnen irdischen Menschen alles von allem Guten gegeben ist, aber im Lauf der Entwicklung vom Kind zum Erwachsenen immer mehr an Bedeutung verliert, da das ganze irdische Leben immer und überall einen negativen Beigeschmack mit sich bringt und somit die ganze Beharrlichkeit im Guten verkümmern lässt, obwohl alles Gute immer vor Augen ist, aber dann, wenn es darauf ankommt, nicht mehr wahrgenommen wird, weil innerlich bereits eine große Ansammlung an schlechten Lebenseigenschaften vorherrscht. Weil alles Gute als schlecht und alles Schlechte als gut empfunden wird, dann kann man sich immer nur selber schützen indem man sich im Guten findet. Sollte ich etwa im Guten versagt haben, wenn ich immer nur das Allernötigste zum irdischen Leben zur Verfügung gehabt habe? Oder wenn ich es nicht zu einem sehr reichen Menschen an irdischen Besitztümern geschafft habe und dadurch auch nicht so viel wert wie andere Mitmenschen zu sein scheine, die sehr reich an irdischen Besitztümern geworden sind? Ist alles, was ich hiermit vermitteln will, so überaus unglaubhaft zu erkennen, zu verstehen oder einfach nur zu glauben, dass ich nicht für wahr gehalten werden kann? Sind wir alle immer so sehr gereizt, unsere vorhandenen Lebengrundsätze niemals zum positiven zu verändern, damit wir alle immer und für alle Zeiten mehr als genug zum guten irdischen Leben zur Verfügung haben können? Was genau gibt mir die Sicherheit, all das, was ich hier schreibe, auch zu verstehen? Soll es immer nur ein sehr, sehr weit entfernter Traum von mir sein, wenn ich vom ewig guten Leben spreche oder schreibe? Habe ich bis jetzt nicht immer und überall darauf geachtet, dass ich in meinem vergangenen Leben die ganz gute Ewigkeit des ganzen Lebens erkenne, sehe und spüre, sodass ich für alle ewigen Zeiten die ganze Bestätigung erhalte, die ich für meine ganze Existenz, am Leben zu sein, auch immer und überall im ganzen irdischen Leben für mich gesucht hatte? Warum wohl ist die ganze Menschheit immerwährend darauf bedacht, für sich selber einen absolut guten Lebenswert zu erhalten, um immer noch viel besser leben zu können? Wer genau hindert mich, an mir selber gut wachsen zu können? Warum entstehen immer und auch fortan im gleichen Moment Unterschiede zu jedem einzelnen Menschen auf der ganzen Welt Erde? Weshalb lassen wir uns alle sehr viel mehr von den irdischen Reichtümern beeindrucken, als diese Reichtümer es verdienen? Fragen um Fragen und immer auf der Suche nach dem Guten, sind wir alle immer nur davon abhängig, dass irgendjemand uns allen immer alles erklärt, was das ganze irdische Leben betrifft, ansonsten sind wir alle immer nur dabei etwas Falsches zu machen, etwas zu machen, was gegen das vorhandene Lebenssystem zu gehen scheint, aber nicht dem Guten dient. Sehr viele Menschen leben jeden Tag nach einem größeren Traum, den niemand auf der ganzen Welt Erde auch jemals zu erfüllen in der Lage sein kann, da wir alle immer nur ein einziges irdisches Leben zur Verfügung haben, um an das einzig wahre Ziel der ewig guten Energieleistung von uns selber gelangen zu können. Muss alles, was ich hier schreibe, nur reine Fiktion sein, die der Erfindung der Menschheit nicht würdig ist? Wer kann es alles verstehen, dass nicht die Menschheit der Ursprung allen Übels ist, sondern vielmehr immer nur die vereinzelten Menschen auf der ganzen Welt Erde, die niemanden anderen mehr bei ihrem ganzen Streben beachten, um immer noch mehr abzustauben? Die Frage aller Frage ist immer die gleiche, ob das hier jemand wirklich verstehen, erkennen und anwenden kann. Niemand ist in der Lage die Dinge im ganzen irdischen Leben ganz zu erkennen, ganz zu verstehen und ganz zu leben. Den ganzen Wert, den ich hier im Buch erkannt habe, lebe und hiermit mit anderen Mitmenschen teile, verspricht in erster Linie für mich selber eine überaus gute Sache, das ewig gute Leben und nichts mehr auf der ganzen Welt Erde könnte mich jetzt noch davon abhalten, da ich das ewig gute Leben in meiner ganzen Seele spüre, erkenne und schon auf das irdische Leben übersetze. Wer genau sollte für die ganze Welt Erde den endlich eingeführten und lang ersehnten Frieden bringen, den die ganze Welt Erde so dringend benötigt? Auf was genau warten alle Menschen immer nur, damit sie restlos von ihrem ganzen Übel geheilt werden, um endlich für immer frei zu sein? Wer kann genau das alles garantieren, was noch niemand wirklich bei allem an Gutem immer schon gesucht hat? Wenn die menschliche Seele wahrhaft nicht sterben kann, dann immer nur, wenn man sein ganzes irdisches Leben damit verbracht hat, um wahrhaft auch Gutes zu leben, zu vermitteln und auch zu begreifen. Wie sollte sich das Ganze mit der Existenz dann nach dem irdischen Ableben vollziehen, wenn nach dem irdischen Ableben absolut nichts mehr an eigener Existenz vorhanden ist? Wenn man jetzt eine irdische Existenz hat, aber nach dem irdischen Ableben keine mehr haben kann, wieso können wir alle dann miteinander kommunizieren, um einen gemeinsam guten Wert am Leben zu erhalten, oder warum wohl können wir alle uns selber im Spiegel erkennen, sodass wir auch erkennen können, dass wir genau in diesem Moment jetzt existieren?

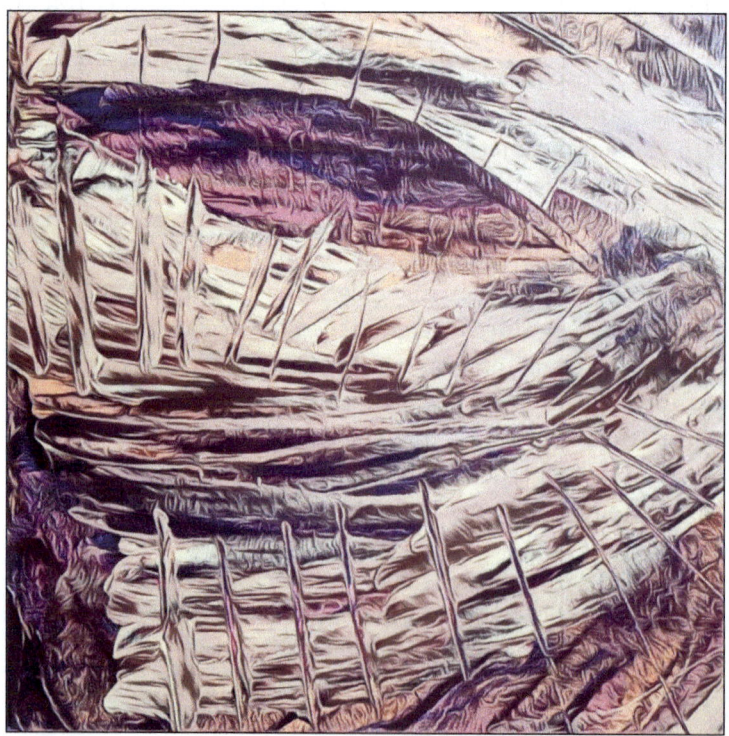

Alles Nichtexistentielle könnte sich nicht im guten Kontext erkennen, oder überhaupt seine ganze Existenz erkennen und somit auch nicht existentiell sein, aber jeder Mensch, der sich im Spiegel anschaut und einen guten Sinn am Bauwerk alles Guten weiterbaut, der hat seine gute Existenz gefunden und kann gleichermaßen immer und ewig eine immer neue gute Existenz erhalten. Also frage ich euch alle, wie kann etwas, das bereits schon eine gute Existenz besitzt, nichtexistentiell sein? Es ist nicht das gute Leben eines jeden Menschen, dass keine Existenz besitzt, sondern immer die schlechten Lebensgenossen, die ihre ganz guten Lebensmöglichkeiten immerzu nur verschwenden und bewusst auslöschen. Wie viele Menschenleben fordert die ganze gute Zukunft aller Menschen noch, um zu verstehen, dass jedes einzelne Menschenleben dazu verhilft, dass ein allgemein guter Gemeinschaftssinn nur mit absolut jedem irdisch guten Leben erreicht werden kann? Wie könnte die ganze Menschheit im gesamten Umfang gut weiterkommen, wenn immer wieder nur die vereinzelten Menschen oder immer nur die allerwenigsten Menschen ein Leben im ganzen Überfluss leben können und sich der ganze Rest der Welt Erde bei allem zurückzuhalten hat? Doch jede Zurückhaltung der schlechten Gegebenheiten, ist immer mehr auch die Erkenntnis des meisten Guten, das in dieser Zeit von jetzt auch gelebt werden sollte, damit für die nächste Generation wiederum die ganze Weiterentwicklung an Gutem wiederum in der menschlichen Seele weitergegeben ist und schon sein ganzer natürlicher Lebensrhythmus neu strukturiert wird, damit der neue Lebensstandard dem ganzen neuen irdischen Leben schon zur Verfügung steht. Was wäre das heutzutage schon, wenn es nicht immer die besonders guten Menschen in der Menschheitsgeschichte gegeben hätte, die alles Gute immer wieder von Neuem auf ein gut annehmbares Niveau für alle angehoben hätten und dabei komplett einfach im ganzen irdischen Leben geblieben sind? Es müssen immer wieder Menschen heranwachsen, die das Gute im irdischen Leben vermitteln, damit sich das ganze Gute immer mehr im Guten weiterentwickeln kann, damit irgendwann auch ein entsprechend gutes Gesamtniveau erreicht werden kann, das wiederum für alle auch alles Gute im ganzen irdischen Leben bereithält. Gehöre ich auch zu den Menschen, die immerwährend alles Gute zu einem gemeinsam guten Ziel bringen wollen, vielleicht auch können und einfach, da es mit Dringlichkeit an der Zeit ist, es für alle Menschen an die Oberfläche zu bringen, damit alle Menschen hoffentlich einem gemeinsam guten Ziel entgegengehen können? Keiner kann sagen, dass es für eine gemeinsam gute Zukunft keine wirklich gute Möglichkeit gibt, aber es ist alles sehr schwierig geworden, wahrhaft Gutes für alle Menschen zur Verfügung zu stellen, ohne dass dabei nicht irgendein riesig großes menschliches Nichtverständnis entstehen könnte, weil die überwiegende Bevölkerung immer mehr einem festgefahrenen Lebenssystem beiwohnt, das sich in keiner Art und Weise in sich selbst ergänzt. Die Sorgen dieser schwierigen Zeit sind so viel und vor allem sehr schwer zu ertragen. Die meisten Menschen geben auf, wenn ihnen die ganzen Sorgen, die das ganze Leben mit sich bringt, über den Kopf hinauswachsen. Es sind immer wieder die ganzen Sorgen, die die meisten Menschen sogar krank machen, weil sie keine wahrhaft guten Lösungen für ihre ganzen alltäglichen Probleme mehr sehen können. Und wenn die Menschen sehr viel Geld verdienen, werden sie zu immer größeren Bastarden und hintergehen ihre engsten Mitmenschen aufs Äußerste. Die Menschen mit sehr reichen Verhältnissen denken bei allem irgendwann, dass sie immer und überall jeden Moment ihrer Anwesenheit höhergestellt sind, was diese Menschen aber in Wahrheit alles Gute im Leben nicht beachten lässt und ins Maßlose abdriften lässt. Je mehr Geld man besitzt, desto größere Probleme kommen auf einen zu, denn die Dimensionen werden dadurch im ganzen irdischen Leben überaus vergrößert, ohne dass man es möchte, oder für möglich gehalten hatte. Aufgrund des vielen Geldes entstehen auch viel größere Dimensionen an Problemen, die dann im ganzen Inhalt auch sehr viel mehr Menschen betreffen, als im ganzen Vorhinein, denn man schnappt sozusagen auch die ganzen Probleme der beteiligten Mitmenschen in sich auf und wird unwillkürlich damit belastet, weil man sich auch damit befasst, was eigentlich die ganzen Probleme aller anderen Mitmenschen sind und dann kommen auch noch die ganzen eigenen Probleme hinzu, sodass man sehr stark daran auch vollkommen zerbrechen könnte. Immer wenn es um sehr viel Geld geht, sterben unschuldige Menschen, die der ganzen Verfolgung ausgesetzt sind. Wenn man fast alles im irdischen Leben verliert, dann weiß man, dass man erst dann wiederum alles und die ganze Welt gewinnen kann. Wenn Gutes immer einfach wäre, dann könnte jeder Mensch alles immer sofort gut schaffen, was ich als das ewig gute Leben bezeichne, aber da alles Gute besonders am Anfang immer nicht besonders einfach zu erkennen ist, gelangt man sofort immer gleich auf einen gewissen Widerstand der Elemente. Doch jeder Mensch, der seinen eigenen guten Menschen leben will, wird es irgendwann dann für sich schaffen und alles Gute, das gelernt wurde, auch anderen Mitmenschen zu vermitteln, damit auch diese Menschen ein gutes irdisches Leben haben können. Der ganze Neid, der immer wieder bei so vielen Menschen im Innenleben herumkursiert, lässt sehr stark auf ein tierisches Verhalten schließen, was die Menschheit im Laufe ihrer ganzen Entstehungsgeschichte immer wieder bei sich selber aufflammen lassen hat und was immer noch ein großer Bestandteil der ganzen Menschheit ist. Der Neid ist immer ein schlechtes Zeugnis dessen, was der andere Mitmensch an Besonderem zur Verfügung hat. Etwas, wonach man sich auch sehnt oder das man ebenfalls besitzen will und das auch immer etwas sehr Wertvolles ist, das man nicht so leicht bekommen kann. Neid spiegelt immer auch eine sehr negativ geladene Lebenseigenschaft, die mit der ganzen Leidenschaft verbunden dann auch immer ins komplett Negative ausgeweitet werden wird, weil man sowieso bei allem immer nur neidisch ist, was der andere Mitmensch an schönen Gegebenheiten besitzt. Neid komprimiert im ganzen Resultat immer die menschliche Seele, da man sich insgeheim ein ganz anderes irdisches Leben wünscht, aber das eigene irdische Leben gar nicht mag und auch nicht zu 100 % angenommen hat. Neid ist immer die eigene Existenz, die man nicht haben will, weil sie unangenehm schwierig zu sein scheint und weil man sich immer auch den deutlichen Wunsch einredet, dass es besser sein würde, wenn man jemand anderes sein oder jemand anderen darstellen würde. Neid ist immer der dranghafte Wunsch nach etwas anderem, dass auch immer nicht einfach zu erreichen ist, und somit wird es zur deutlichen Wunschvorstellung, obwohl man niemals jemand anderes sein kann, sondern immer nur derjenige Mensch, der man ist, mit ganzer Existenz. Wenn ich davon ausgehen würde, dass mein Buch hier immer nur alles Vorhandene auf der ganzen Welt Erde kritisieren wollte, wo es nichts mehr zu kritisieren gibt, dann würde jedem einzelnen Menschen auf der ganzen Welt Erde sein eigenes und auch gutes irdisches Leben gut genug gefallen, dass alles Schlechte dieser Welt gar nicht mehr besprochen werden müsste, weil immer und überall auf der ganzen Welt Erde auch immer und jeden einzelnen Moment alles Gute bereits gelebt wird und sich die ganze Menschheit in die komplett gute eigene Zukunft gemeinsam hinbewegt, aber gleichfalls alles Schlechte dieser ganzen Welt Erde auch komplett hinter sich gelassen hat. Niemand kann den genauen Zeitpunkt dafür bestimmen, oder ob die ganze Menschheit es für alle irdischen Menschen und Lebewesen auch jemals gänzlich zum gemeinsamen Guten schaffen wird, oder auch nicht, sodass die Welt Erde dann auch irgendwann komplett seine behutsamen Lebensbedingungen nicht ganz verliert, sodass kein Leben mehr auf dem ganzen Planeten Erde existieren könnte. Das Heilmittel der Menschheit war immer schon, das ganze irdische Leben zu bewahren und nicht komplett auszurotten. Neid verstärkt auch immer die ganzen Sorgen dieser Welt ins Unermessliche, sodass sich dann alle unerfüllten Wünsche für ein gutes irdisches Leben auch immer sofort auflösen und unbestätigt bleiben, da das erforderliche Lebensziel nicht erreicht wurde und in weiterer Folge immer wieder von Neuem nicht erreicht werden kann, weil Neid die Bremse alles Guten ist und sich permanent selbst einschränkt, sodass kein gemeinsam gutes Lebensgefühl entstehen kann. Neid zerstört das ganze und gute Zusammenleben im Einklang im Miteinander und lässt die ganze Kommunikation auf eine schlechte niveaulos klingende Unausgeglichenheit schwinden, sodass kein wahrhaft gutes Wort mehr gewechselt werden kann. Wenn man alles Schlechte bei sich ausgegrenzt hat, dann bleiben immer eine Vielzahl an allem Möglichen an Gutem über, die man erst immer dann erkennen kann, wenn man dem ganzen Schlechten ein komplettes Nein gegeben hat und es immer wieder im anschließenden losgelösten irdischen Leben tut. Man erkennt, wie sehr sich alle Mitmenschen immer und überall bei allem immer anstrengen, aber die meisten Anstrengungen in die komplett verkehrte Lebenseinstellungsrichtung geht, weil alle diese Menschen immer an etwas komplett Wertlosem festhalten und dabei alle ihre Mitmenschen bei allem hintergehen, um das zu erhalten, was als irdischer Reichtum bezeichnet oder dargestellt ist. Nichts ist so wertvoll wie das Leben selbst und das missachten rund 95 % der Bevölkerung eines jeden Landes auf der ganzen Welt Erde. Und deshalb geht es auch alles immer so schwierig, brutal, ungerecht und vor allem in allem haltlos auf der ganzen Welt Erde zu, dass man sich nur noch denken kann, wann es für alle Mitmenschen wohl irgendwann besser wird, als es jetzt momentan abläuft. Doch in keiner einzigen Fragestellung gelingt es der ganzen Menschheit, auf einen vernünftigen Gesamtkonsens zu gelangen, dass es irgendwann im Jetzt allen Mitmenschen im Land gleich gut geht und alle mehr als zufrieden nebeneinander leben können. Die ganze Unausgeglichenheit, die von der Menschheit verursacht wird, wird vom ganzen irdischen Leben immer auch in kürzester Zeit wieder ausgeglichen. Also wenn der Mensch sich immer an dem Tier brutal vergeht, weil die Menschheit einfach nicht zur Vernunft kommen will, obwohl die Warnungen durch vielerlei Katastrophen direkt im Raum des Menschen stehen, sieht das gesamte irdische Leben nicht lange zu und gleicht das ganze irdisch unausgeglichene Leben wieder komplett aus, sodass wiederum sehr viele Menschen einen zufälligen Tod sterben müssen, da die ganze Menschheit immer nur dann im Gesamten gut dazugelernt hat, wenn die Menschheit selber in Bedrängnis geraten ist.

Somit wird auch klar, dass die ganze Menschheit nie und nimmer ungeschoren davonkommen kann, wenn die Menschheit Schlechtes gegenüber ihresgleichen oder einem irdischen anderen Lebewesen verübt, weil die ganze Welt Erde eine runde Gesamtform hat und somit auch das gesamte irdische Leben eine runde Lebensstruktur aufweist, sodass alles bewusst Schlechte, das auf der ganzen Welt Erde verübt wird, nicht von diesem Planeten Erde entweichen kann, aber sich dann wie eine negativ geladene Bombe irgendwo auf dem ganzen Planeten Erde zusammenzieht, um dann in einer Explosion an schlecht geladener Energie freigesetzt zu werden und dann müssen immer wieder viele unschuldige Mitmenschen sterben, weil sich diese negativ geladene Energie unwillkürlich ausgesuchte Opfer auf dem Planeten Erde sucht, damit das ganze irdische Leben wieder zu seinem ausgeglichenen Gesamtleben gelangen kann. Jede sich für das gesamte Zusammenleben negativ auswirkende Entscheidungsmuster der ganzen Menschheit, oder eben das Muster, dass aus der Menschheit stammt, kommt im selben Moment irgendwo auf der Welt Erde auf die Menschheit zurück, um das alles auszugleichen, was unausgeglichen ist. Warum wohl passiert auf der ganzen Welt Erde so viel Schlechtes permanent? Weil auf der ganzen Welt Erde immer das ganze Lebenssystem, das immer auch die ganze Entscheidungskraft in sich beinhaltet, es für ein gemeinsam gutes Gesamtergebnis nicht schaffen kann, oder in der Lage ist, es für alle beteiligten Mitmenschen und Lebewesen niemals für alle darin enthaltenen Personen gut genug für alle zu gestalten, weil die ganzen Lebenssysteme dieser momentanen Welt Erde dafür nicht gemacht wurden, sondern immer nur eine kleine Randgruppe der ganzen Gesellschaft bevorteilen. Was genau will ich eigentlich mit diesem Buch hier bezwecken? Ich sage es euch: Ich möchte einfach herausfinden, ob ich alles wahrheitsgetreu so richtig erkannt habe oder es immer nur lauter haltlose Begründungen einer fiktiven Geschichtserzählung sind, der nicht geglaubt werden kann? Doch ich verstehe mein ganzes Verständnis genau so, wie ich es hier in diesem Buch beschreibe. Es bringt mir absolut gar nichts, wenn ich damit berühmt werde, aber es zu 95 % einfach nicht korrekt ist. Ich kann für mich selber erkennen, dass ich immer schon meinem eigenen Lebensstil nachgegangen bin und ich immer schon, so gut es mir möglich gewesen ist, als guter Mensch gelebt habe und erkannt werde, doch auch mir persönlich hat es immer schon alles abverlangt, dass ich mich zu meinem jetzigen guten Reifegrad weiterentwickelt haben konnte, weil ich im Guten noch niemals aufgegeben hatte, aber immer versucht habe, alles Schlechte von mir fernzuhalten, um allem Guten in mir drinnen den ganzen Platz zu überlassen. Kann man die Unendlichkeit beschreiben? Ja, das ist möglich, denn jede Existenz an Leben hat auch wie gesagt die Möglichkeit die Unendlichkeit zu erreichen. Wie geht das? Die Unendlichkeit ist immer schon der ganze Antrieb der ganzen Menschheit gewesen, weil man es im gesamten Sinnbild der Menschheit erkennen kann, denn wieso genau macht die Menschheit genau das, was sie so jeden Moment macht, und welchen Sinn wird es ergeben? Das ganze irdische Leben ist aufgebaut, damit es so lange wie möglich gut leben kann, nicht weil sich die Menschheit immer nur weiterentwickelt hat, oder nur aus seinen eigenen Fehlern gelernt hat, sondern weil das ganze Ziel der Menschheit immer wieder nur das eine ist, nämlich die gute Unendlichkeit zu erreichen. Wenn es im Universum eine gute unendliche Ansammlung von Material gibt, dann existiert auch in der gleichen Art und Weise ein gutes unendliches Weiterleben, das aber immer in guter Form zu sein hat, da sich alles Schlechte immer und überall selber zerstört und auslöscht. Alles gut Unendliche bezeichnet immer alles Gute und alles Endliche bezeichnet immer alles Schlechte. So gesehen multipliziert sich alles Gute immer und überall und alles Schlechte fällt in sich zusammen. Wenn man die gute Unendlichkeit in der menschlichen Seele nicht merkt, dann existiert da eben nur mehr die Endlichkeit. Die gute Unendlichkeit dauert immer und immer wieder an und die Endlichkeit kann nur mehr aufhören zu existieren, weil alles dabei endet zu existieren. Man kann sich alles im ganzen Universum immer auch aussuchen, denn wenn man mit seinen ganzen Entscheidungen immer nur auf der Suche nach dem ganzen Guten von sich selber gewesen war, ist man mit seiner ganzen Existenz auch für ewig gut und ganz. Aber wenn man sich mit all seinen ganzen Entscheidungen sein ganzes irdisches Leben lang immer nur für das Schlechte entschieden hat, dann bekommt man dafür auch keinen Grund, um noch einmal zu einem Leben zu gelangen. Und wenn man die Unendlichkeit als unmöglich bezeichnet, dann gehört das bereits zum Schlechten, denn wenn die gute Unendlichkeit eine Existenz besitzt in Zahlen, Material oder Maßeinheiten, dann besteht die Möglichkeit, dass die menschliche Seele die Zusammensetzung der guten Unendlichkeit in sich mitgebracht hat und für immer und ewig in sich drinnen beinhaltet. Jedoch immer nur, wenn der besagte Mensch damit umzugehen gelernt hat, ansonsten kann es nur die Endlichkeit werden, weil der besagte Mensch auch eigenständig über sich selber bestimmen kann, was dieser Mensch genau alles leben will und auch dann lebt. Die ganze Menschheit ist immer schon daran gescheitert, die Unendlichkeit zu entschlüsseln, weil sie dafür nicht bereit genug gewesen war, es zu verstehen, dass zuallererst die ganze Menschheit im Innenleben ihrer ganzen menschlichen Seele die gute Unendlichkeit erreichen muss, um auch zu verstehen, dass sich die gute Unendlichkeit nicht gegen die Menschheit wehrt, aber die ganze Menschheit einfach nicht zur Vernunft kommen will und einfach immer wieder beim irdischen Reichtum an sich selber scheitert, der Reichtum, der niemals einen absolut guten Wert, am Leben zu sein pflegt, aber der ganze Stellenwert bei der ganzen Menschheit immer und überall im ganzen Besitztum aufgebaut wurde, aber dabei auf keinem einzigen Fundament für ein gemeinsam gutes irdisches Leben Stellung einnehmen kann, da immer nur die absoluten Randgruppen von ein paar Menschen das ganze Sagen auf der ganzen Welt Erde auch bestimmen, ob gewählt oder auch nicht, zumindest schadet das allen Menschen auf der ganzen Welt Erde. Ich kann immer nur wieder und wieder sagen, wie überaus schwierig meine ganze Suche nach der guten Unendlichkeit gewesen ist, so überaus einfach ist sie im Ganzen gesehen für mich geworden, weil sie zu meinem ganzen Besitz geworden ist; einem Besitz, den man mir unendlich nicht mehr streitig machen kann, dem Besitz, den ich mir selber angeeignet habe, weil ich ihn immer schon gesucht hatte. Bei der guten Unendlichkeit geht es nicht um den irdischen Reichtum, sondern um die Entschlüsselung des ganzen irdischen Lebens, das sich immer wieder von Neuem entschlüsselt und somit allem Schlechten immer von Neuem keinen Platz im ganzen Universum der guten Unendlichkeit gibt. Alles Schlechte ist immer die

Zerstörung des Lebens und alles Gute ist immer der ewige Fortbestand des guten Lebens. Wenn die Menschheit gelernt hat, alles Schlechte im irdischen Leben auszugrenzen, dann beginnt für die ganze Menschheit das immerwährend gute Leben, das sich immer neu, gut weiterentwickelt und wenn die Menschheit einen gewissen gesamten Reifegrad an Gutem erreicht hat, beginnt alles Gute für immer und ewig zu leben, denn dann kann auch nichts mehr wahrhaft absterben. Wer kann schon von sich behaupten, es für sich geschafft zu haben, wenn es nicht um den ganzen irdischen Reichtum geht? Ich bin allein derjenige, der das für sich selber geschafft hat und euch allen einen Einblick dafür verschaffen kann, denn ansonsten ändert sich im ganzen irdischen Leben alles immer nur sehr zeitverzögert und immer erst sehr viele Generationen später. Doch meine ganze Aufgabe habe ich mir mit meiner eigenen guten Unendlichkeit schon selber für immer und ewig realisiert und erkenne mit ganzer Deutlichkeit auch, dass sich das ganze irdische Leben der Menschheit auch auf diese Richtung zubewegen wird, doch die Frage ist nur, wann? Wenn es alle Menschen verstanden haben, einen absolut guten Lebensweg zu leben, alles Schlechte bei sich selber ausgrenzen, um das nicht mehr zu leben und ein gemeinsames Gefühl erreicht haben, dass das ganze Zusammenleben im absolut guten Miteinander in Freiheit, Frieden und absolut guten Lebenseigenschaften miteinander immer mehr wachsen lässt, sodass auch die guten Möglichkeiten unbegrenzt werden. Jeder Mensch auf der ganzen Welt Erde steht für eine gute Lebensgeschichte, die natürlich auch erzählt werden sollte, und das ist mein Hauptgrund, warum ich hier mein Buch schreibe, denn somit habe ich meine Lebensgeschichte erzählt und ich kann daraus erkennen, dass ich recht habe und sehr viele Menschen auf der ganzen Welt Erde nicht viel von der ewig guten Lebenseigenschaft wissen, kennen und denken, dass es möglich sein kann. Es ist möglich, die gute Unendlichkeit in die menschliche Seele zu bringen, indem man immer und überall auf dem irdischen Lebensweg auf der Welt Erde permanent immer nur alles Gute tut, doch zuallererst sollte man mit aller

Deutlichkeit erkennen, was gut am irdischen Leben ist, indem man alles Schlechte nicht mehr auf sein eigenes irdisches Leben übersetzt und vollkommen ausgrenzt, sodass man zum innerlichen Reifegrad gelangt, wo man dann immer mehr vom ganzen Guten des eigenen irdischen Lebens erkennt und in weiterer Folge auch immer mehr vom ganzen Guten aller Mitmenschen mitbekommen kann und unbegrenzte Möglichkeiten für alles irdische Leben auch zeitgleich erkennen kann, wenn man alles irdisch Schlechte bei sich selber ausgegrenzt hat, sodass immer mehr allem Guten im Bereich der Seele auch immer mehr Platz gemacht wird, um auch gelebt zu werden. Es muss vorher immer in der menschlichen Seele genügend Platz für das Gute sein, das man in die Seele hineinbekommt, sonst kann das Gute nicht in die menschliche Seele kommen und Platz erhalten, um für immer und ewig als guter Bauplatz den entsprechenden Platz auch beizubehalten. Ein guter Mensch hat immer die meisten Schwierigkeiten seine ganzen und guten Ideen zu vermitteln, denn jeder gute Mensch trifft hauptsächlich immer wieder auf Gegenwehr, die immer und auch leider überall auf der ganzen Welt Erde entstehen kann, da immer auch die ganzen Gegensätze fast überall zu unüberbrückbaren Gegebenheiten führen können, doch da die Menschheit danach gepolt worden ist, alles Gute an die Oberfläche des ganzen irdischen Lebens zu bringen, sind die überwiegend guten Absichten immer vorrangig auf der ganzen Welt Erde. Als ich das begriffen habe, dass es auf der ganzen Welt Erde nicht darum geht, alle Menschen zu retten, denn das ist aufgrund der ganzen Entscheidungsfreiheit nicht möglich, habe ich auch gemerkt, dass es gar nicht möglich ist, alle Menschen zu retten, weil es allen Menschen selber gegeben ist, sich für immer und ewig zu retten. Wenn es einen Retter für alle geben würde, was genau würde aus der ganzen Gesellschaft des ganzen irdischen Lebens bloß werden, wenn sie immer im Dunkeln darauf zu warten hätte, dass ihr einziger Retter nicht mehr kommen will, weil er private Gründe hat? Ist schon komisch, wie sich die Dinge des ganzen irdischen Lebens immer so zueinander verhalten, oder? Wenn das Leben von dir verlangt, alles Schlechte endlich aufzuhören und nicht mehr zu machen, dann ist immer auch eine sehr große und gute Bandbreite an Gutem und guten Lebenseigenschaften festzustellen, denn erst immer dann, wenn alles Schlechte immer mehr bei sich selber keinen Platz mehr findet, findet sich immer mehr vom ganzen Guten in der menschlichen Seele wieder, mit dem man dann besser als gut auch im irdischen Leben lebendig sein kann. Ich stehe jetzt im Moment zwar nicht mehr bei meinem eigenen guten Anfang, aber eben doch wieder bei einem größeren Anfang, der sehr groß werden kann und das Richtige und auch nötig Gute in sich drinnen beinhaltet. Ich denke allerdings nicht, dass diese Aufgabe einem anderen Menschen zuteil sein würde und wenn es doch so wäre, dann existieren immerhin schon zwei Versionen vom ewig guten Leben.

Ein Buch kann die ganze Welt Erde zum Positiven verändern und warum sollte ich es nicht versuchen, meinen Mitmenschen eine meiner größten Lebensansichten zu vermitteln, da ich sehr genau gemerkt habe, dass es für mein Buch der beste Zeitpunkt jetzt ist, weil die ganze Welt Erde und alles irdische Leben darauf auf Aufbruchstimmung zum allgemeinen Guten, das jedem einzelnen Menschen und dann auch jedem einzelnen Lebewesen im Guten eine Hilfestellung geben könnte, die alles Gute dann damit auch erkennen lassen kann, wenn man alles Schlechte zu 100 % aufgegeben hat. Kann es sein, dass mir jetzt immer noch viele unwissend bleibende Menschen, auch noch immer nicht vertrauen, dann kann ich nur dazu sagen, dass mich alle Probleme, die andere Mitmenschen mit sich mitbringen, weil sie auch alles Schlechte mit sich mitbringen, dann kann diesen Menschen niemand mehr helfen, außer sie sich selber, indem sie alles Schlechte nicht mehr auf das ganze irdische Leben übersetzen und das dann jeden Moment so machen. Das ganze irdische Leben liegt nicht an mir allein, sondern bei jedem einzelnen Menschen auf der ganzen Welt Erde, aber sehr viele Menschen leben immer fortan einen Lebensstil, der nach einem Retter der Welt Erde verlangt, und haben damit ihr ganzes gutes Lebensziel jeden Moment ihres damit konfrontierenden Lebens, auch somit alles Gute verpasst, denn es ist nicht möglich, dass man für jemand anderen lebt, sondern es werden immer auch die ganzen Lebensentscheidungen bei jedem irdischen Lebewesen zum Unterschied von gut und schlecht verwendet. Alle Lebensentscheidungen sind unwiderruflich gemacht worden und machen den Menschen, der sie macht, zu dem, was dieser Mensch mit seinen ganzen Entscheidungen auch entschieden hat. Hier an dieser Stelle möchte ich mir selber danken, dass ich so lange überhaupt ausgehalten habe, in einer Welt Erde, die einfach nicht wirklich alles zu verstehen im Stande ist und es ist nicht einmal die ganze Schuld des ganzen Lebens, dass ich so spät dran bin, sondern vielmehr meine eigene Schuld, dass ich so sehr lange für alles Gute gebraucht habe, es jetzt auch ganz verstehen zu können und nicht nur einen kleinen Teil davon. Aber am meisten möchte ich Gott dafür danken, dass er mir immer und überall meinen guten Weg ersichtlich gemacht hat und in der schwierigsten Zeit als einziger für mich mehr als da war. Keiner kann sagen, ob unser aller Gott auch wirklich existiert, wenn Gott für diesen Menschen nichts gemacht hat, denn dann wäre dieser Mensch kein guter Mensch, sondern böse und schlecht, aber niemand von allen Menschen, denen unser Gott auch nur ein einziges Mal geholfen hat, wird sagen, dass Gott nicht existiert, weil man dann, wenn einem unser Gott hilft, sich selber auch zu 100 % besser kennenlernen wird können und genau das spüren dann alle, denen unser aller Gott geholfen hat. Ich weiß zu 100 %, dass es Gott gibt und dass er der Erste immer schon gewesen ist, der alles irdische Leben hierhergebracht hat. Es ist nicht einfach, die Menschen zu überzeugen, doch wenn Gott das bei mir auch will, dann wird es zu 100 % ein guter Erfolg, ohne dass ich dabei etwas Gutes von mir selber verlieren könnte, denn ich gewinne mit jedem meiner Worte hier an guten Boden und vor allem lege ich sehr viel an guter Erkenntnis zu, weil ich immer mehr vom ganzen Guten erkennen kann, und dass alles irdische Leben seinen guten Sinn beinhaltet. Nichts im ganzen Leben wird einem geschenkt und schon gar nicht alles Gute. Oder alles Gute kommt auch nicht vom Himmel herangeflogen, sodass alles irdische Leben dann plötzlich zu absolut guten Menschen und Lebewesen umgestaltet wird. Nein, alles Gute kann man sich immer nur mit jedem einzelnen Millimeter, den man sich weiterentwickeln will, auch immer nur dann verdienen, wenn man es zu 100 % ehrlich genug mit sich meint und es auch mit allen darin involvierten Mitmenschen zu 100 % gut meint. Nur dann wird es im gesamten Handeln von allen Beteiligten auch einen guten Erfolg haben werden. Doch wer alles die momentan vorhandenen Gegebenheiten immer und überall infrage stellt, der hat einfach nicht begriffen, dass immer und überall auch ein gewisser wahrheitsgetreuer und guter Hauptgrund bei jeder auch noch so kleinen Gegebenheit die ganze Wahrheit beinhaltet, dass es nicht darum geht, dass man der allerbeste Mensch auf der ganzen Welt Erde wird, sondern dass man vor allem ein guter Mensch zu allem und jedem einzelnen Mitmenschen ist, ansonsten geriete man in Machenschaften, die einen das irdische Leben kosten könnten. Ich jedenfalls habe keine Angst mehr vor dem irdischen Tod und manchmal sehne ich mich sogar nach meinem kommenden Leben, das ganz bestimmt nicht mehr so aussehen wird, wie mein bisheriges irdisches Leben bis jetzt ausgesehen hat, denn die Zeiten ändern alles, dich selber und vor allem die gesamten Lebensbedingungen von allen irdischen Lebewesen. Ich kann auch keine Wunder vollbringen, oder jemanden von seinem ganzen bösartigen Befall befreien, oder sogar heilen. Hilf dir selbst, dann hilft dir Gott, ist dann die dringlichste und wertvollste Hilfestellung von dem, was das wertvollste Gut im irdischen Leben von allem darstellt, denn wenn man sich nicht für alles Gute im irdischen Leben frei macht, dann hat auch alles Gute keinen Platz im Inneren der menschlichen Seele. Und wer dann auch noch fragt, wozu man noch Gott braucht, wenn man sich selbst geholfen hat, der hat nicht begriffen, dass immer das Wichtigste von allem war, ist und immer sein wird, das, was Gott von jedem einzelnen irdischen Lebewesen verlangt, kann Gott schon längst und wird dadurch unumgänglich zu dem, was auf der ganzen Welt Erde immer den aktuellen Gesamtlebensstandard bedeutet und auch somit zur ganzen Geltung für alle Lebewesen als direkter Maßstab Geltung hat. Doch wer denkt, dass Gott nicht existiert, kann auch nicht den kleinsten Funken an guter Wahrheit in sich behalten, denn alles Gute kommt einzig und allein von unserem guten Gott und von niemand anderem. Eines, das ich in meinem bisherigen ganzen irdischen Leben vom ganzen Leben gelernt habe, ist das, dass jeder einzelne Mensch in seiner gesamten Lebensgeschichte einmal alles Schlechte überwinden muss, damit man es schaffen kann, auch immer und immer weiter sich mit dem ganzen Guten des ganzen irdischen Lebens zu verbinden, um es auch zu 100 % leben zu können. Jeder einzelne Mensch muss da durch, durch sein eigenes Schlechtes, das niemals Platz in der menschlichen Seele besitzen darf, ansonsten ist man auch irgendwann seelisch für immer tot. Ich kann das hier alles deswegen schreiben, weil ich mich niemals im überwiegenden Kontext von meinem ganzen Schlechten verleiten lassen habe, aber habe trotzdem auch meine schlechten Gegebenheiten in meinem ganzen irdisch jetzigen Leben gehabt, die ich auch lieber nicht in meinen ganzen irdischen Leben gehabt hätte, doch es hat mich zu dem guten Menschen gemacht, der ich heute bin, obwohl ich meine ganz schlechte Lebensphase bereits als Jugendlicher zu spüren bekommen habe. Ich war auch nicht immer der gute Mensch, der ich jetzt geworden bin, doch ich kann von mir sagen, dass ich so gut, wie es mir möglich gewesen war, aus allen schwierigen Lebenslagen mehr als gut gelernt habe, damit ich nicht irgendwann als schlechter Mensch zu gelten hätte. Deshalb habe ich bei allem, was mich betrifft, daran gearbeitet, damit niemand mehr sagen kann, dass ich ein schlechter Mensch bin. Und vor einigen Jahren habe ich es für mich zu 100% geschafft, mich als guter Mensch wiederzuerkennen und darum braucht mir das auch niemand mehr zu bestätigen, da ich mir alles Gute von mir selbst auch selbst erklärt habe und das immer wieder in reflektierender Art und Weise bei meiner eigenen Person als guter Mensch schaffe, sodass es mir nicht mehr das absolut Wichtigste in meinem Leben ist, dass mir jemand auch sagt, dass ich ein guter Mensch bin, ich weiß es einfach, dass ich ein guter Mensch bin. Der Großteil der Bevölkerung auf der ganzen Welt Erde kennt immer als erstes alles Schlechte und unterwirft sich dem Ganzen auch, weil sie sehr schwach ist und es immer auch an guten Menschen bedarf, die ihr trotz allem auch etwas Gutes vermitteln, das dann immer auch unterschiedlich von der ganzen Bevölkerung angenommen wird. Die Liebe zum ganzen Leben ist immer auch die direkteste Danksagung eines jeden Menschen, der dem ganzen irdischen Leben und allem existierenden Guten die grundlegendsten Worte für sein eigenes irdisches Leben kundtut, damit das ganze irdische Leben seinen ganzen und guten Glanz nicht verliert. Wer seine ganze gute Liebe zu allem verliert, der verliert auch immer gleich alles, was gut ist, und derjenige, der immer alles in seinem irdischen Leben verloren hat, der wird entweder einer der stärksten guten Menschen, den der ganze Planet Erde jemals gesehen hat, oder dieser Mensch geht dabei vollkommen zugrunde. Der Weg eines jeden einzelnen Menschen sollte immer zum Guten hin als Richtungsweiser dastehen, denn alles Schlechte will im Grunde genommen sowieso kein einziger Mensch, der sich nicht seiner ganzen guten Sinne beraubt hat, denn wenn jeder Mensch im Vorhinein genau erkennen kann, auf was genau man sich bei allem Schlechten einlässt, dann gäbe es weit viel weniger Böses auf der ganzen Welt Erde und alle Straßen dieser Welt wären viel sicherer, als es heutzutage der Wahrheit entspricht. Wer nicht genug Mensch ist, der wird buchstäblich zum Tier werden, und wer es in seiner menschlichen Seele gänzlich komplett übersehen hat und sogar noch bewusst zum Schlechten geworden ist, wird nicht mehr zu einem neuerlichen Leben gelangen können, da alle nötigen Lebenseigenschaften dafür bewusst abgetötet wurden. Heute ist Samstag und ich bin schon seit 13,5 Stunden am Schreiben, aber bin immer noch nicht müde, denn irgendwie fühlt es sich für mich als das einzig Wahre und Richtige an, dieses Buch fertig zu schreiben. Es ist alles für mich wie eine einzige Befreiung von allem, was ich in meiner ganzen Vergangenheit schon an Schlechtem erfahren musste, und ich merke mit jedem Wort von hier, das von mir geschrieben wird, dass ich immer neuere Erkenntnisse erhalte, die überwiegend gut sind, bekomme. Es zeigt alles von mir und auch nicht, denn ich habe erst richtig damit angefangen, doch mein ganzes Zeugnis hiermit steht in einem guten Licht, dass es mir hoffentlich gelungen ist, etwas zu schildern, dass bei jedem Menschen ebenfalls parallel zu ihm selber existiert und man braucht nur noch die Augen, Ohren und die ganzen Sinne fürs ganze Gute öffnen, damit auch die Sonne in jedes ganze Leben kommt, um allen Menschen ein gutes Leben zu vermitteln, das wir alle noch niemals gesehen, gespürt und gefühlt haben. Es ist jedoch längst schon an der Zeit dafür, die Geschichte des einzelnen Menschen nicht zu vergessen, sondern die Geschichten aller Menschen zu erkennen, zu sehen und auch zu beachten. Jeder einzelne Mensch erzählt immer auch seine eigene gute Lebensgeschichte, die, wenn sie gute Lebenseigenschaften beinhaltet, dann auch niemals in Vergessenheit gerät, denn beim ganzen Guten wird alles auch gänzlich für immer und ewig registriert sein, weil jede gute Lebensgeschichte immer auch vollen Bestand hat, der ewig anhält und immer wieder mit Gutem darauf aufgebaut werden kann. Alles ist immer fast nur vom Mann abhängig und der Mann will und will einfach immer nicht zur Vernunft kommen, da ihn immer auch die ganzen Reichtümer in der ganzen Entscheidungsfreiheit im Weg stehen und aufgrund von irdischen Reichtümern immer auch schnell ins Wanken kommen und dann nicht mehr gut für sich und für alle seine Mitmenschen entscheiden wird können. Ich schäme mich sehr für die ganze Männerwelt, die einfach nicht verstehen kann, dass aufgrund der ganzen Entscheidungen eines Mannes in der ganzen Menschheitsgeschichte schon immer bloß Unfrieden, Hass, Neid, Vergeltung, Verfolgung, Tod, Angst und Schrecken entstanden ist, weil genau das immer auch schon die ganzen Lebenseigenschaften aller ins komplett Negative verkehrt hat.

Das überwiegende Problem stellt immer schon der Mann dar, der mit seinen ganzen und letzten Entscheidungen immer auch schon mehr Probleme verursacht hat, aber die Probleme nicht friedlich für alle Beteiligten zu lösen vermochte, weil die ganzen Probleme permanent auch noch viel größer gemacht wurden. Die allermeisten Entscheidungen auf der ganzen Welt Erde trägt ein Mann, der dann, wenn etwas nicht so abläuft wie vorher gedacht, sich seiner ganzen Verantwortung nicht wirklich stellt, sondern sich auch noch drückt und den ganzen verursachten Schaden dann jemand anderem in die Schuhe schiebt. Wenn sich nicht permanent ein Mann gegen den anderen erheben würde, dann könnte die ganze Menschheitsgeschichte bereits beim Bau eines unbekannten Flugobjektes sein, das sehr viel weiter als bis zum Mars fliegen könnte und die ganzen Klimaschutzziele wären schon längst erreicht, damit wir alle in Ruhe und Frieden auf der ganzen Welt Erde leben könnten. Aber leider will es der Mann einfach nicht wahrhaben, dass er immer auch die letzte Entscheidung trägt, aber zu mehr noch als 95 % einfach komplett daneben entscheidet, weil er zuallererst immer nur an sich selber denkt und dann eventuell an ein paar andere Mitmenschen, was aber komplett wieder einmal genau verkehrt ist, denn zuallererst sollte man alles bedenken, damit auch alles mit Gerechtigkeit entschieden worden ist, da sich immer auch im Nachhinein alles das, was nicht passend entschieden wurde oder einfach nur gelogen war, auch mit ganzer Deutlichkeit an die ganze Oberfläche gelangt. Somit kann man erkennen, dass alles, was vorhergesagt worden ist, auch ein Versprechen ist, aber das dann im Nachhinein nie wirklich eingehalten wird und somit eine permanente Unterdrückung in der ganzen Gesellschaft mit der unausgeglichenen Hand seinen eigenen irdischen Reichtum verwaltet, ohne dass die ganze Gesellschaft verstehen kann, wo genau das ganze System falschliegt und wo nicht. Ja die ganzen Entscheidungen des Mannes bringen immer nur sehr viel Zerstörung mit sich, die des Mannes ganze Einsicht trüben, damit er nicht mehr bei klarem Verstand ist und wild unbedacht seine ganzen Entscheidungen immer nur zu seinen eigenen Vorteilen nutzt, um immer mehr vom irdischen Reichtum für sich anzuhäufen. Wenn sich der Mann mit seinen ganzen Entscheidungen immer mehr für die Gemeinsamkeit aller Menschen mit Bedacht entscheidet, dann wird auf der ganzen Welt Erde sehr viel schneller alles für alle Menschen besser als gut, als dass es immer noch viel schlechter zu werden scheint. Der Mann muss sich grundlegend zum Positiven aller Menschen verändern, denn ansonsten entsteht immer nur ein Krieg nach dem anderen und alles bleibt beim Stand von heutzutage, dass für alle alles immer schwieriger zu leben wird, weil hauptsächlich der Mann es einfach nicht friedlich bereinigen kann und selber ein riesig großes Problem mit seinem Ego hat. Wenn sich der Mann in der Gesellschaft für einen Krieg entscheidet, dann herrscht immer auch ein Krieg. Deswegen ist der Mann immer schon für alles Negative verantwortlich zu machen, das in der gesamten Entstehungsgeschichte der Menschheit so passiert ist, denn bevor ein Krieg begonnen wurde, wurde ein Mann nach seiner Entscheidung gefragt. Eine Frau hingegen hat nicht immer einen Krieg geführt, aber immer ein Mann, der in der ganzen Gesellschaft mehr zu sagen hatte. Immer ein einziger Mann, ein Einzelner, aber niemals in der ganzen Menschheitsgeschichte wurden alle in der ganzen Bevölkerung dazu befragt, denn diese Entscheidungen haben immer nur einzelne Männer gemacht und aus diesem Grund bin ich einfach nicht mehr stolz darauf, was alles so viele einzelne Männer in der Menschheitsgeschichte einfach alles Erdenkliche ins komplette Negative verkehrt haben, weil sie einfach keinen menschlich guten Charakter mehr gehabt haben. Und alles, was immer schon auf der ganzen Welt Erde schlussendlich entschieden wurde, kommt von der Gemeinschaft weniger Männer, die das dann für die ganze Welt Erde entschieden haben. Wie kann denn ein Mensch, der sein ganzes irdisches Leben immer alles bekommen hat, für alle anderen Mitmenschen dann entscheiden, wie es zu machen ist, auch entscheiden, dass es passt, wenn immer nur ein Mann das Ganze entscheidet. Dieser Mensch kann sich zu 100 % nicht in seine Mitmenschen hineinversetzen, denn er ist vom ganzen Schlechten, dass einem Menschen in der Welt Erde der täglichen Lebensgegebenheiten, die nötigen Lebensgrundlagen bereits abgehen und fehlen, wie Essen, Trinken und ein Dach über dem Kopf zu haben und wie sollte sich so ein Mensch auch in die Lage eines solchen armen Mitmenschen hineinversetzen können, wenn er es niemals selber am eigenen Körper und seiner eigenen Seele zu merken gehabt hatte. Dieser Mensch hatte das Ganze einfach nicht zu lernen gebraucht und deswegen fehlt so einem Menschen sowieso von vornherein alles Nötige, um den gemeinsamen Gesamtwert eines jeden Menschen erkennen zu können und somit auch, dass der wahre Wert des ganzen irdischen Lebens immer nur bei der ganzen Menschlichkeit zu finden ist und das bedeutet immer auch die ganze Zufriedenheit aller Menschen, aber niemals nur das persönlich Eigene, oder was einem alles an Besitz gehört. Das Leben ist kein Spiel, das man zu spielen hat, sondern alles und jeder hat seinen guten Grund, Sinn und Kultur, wenn es alles Gute beinhaltet und alles Schlechte ausgegrenzt hat. Die eigentlichen Tragödien sind die meisten Entscheidungen des Mannes, der alles auf der ganzen Welt Erde in der Hand hat, aber immer wieder nur an sich selber scheitert, weil der Mann sehr überlegt handelt, aber fast nie in gemeinsamer Art und Weise, was bedeutet, dass der Mann fast niemals in Gemeinsamkeit entscheidet, wenn er einen gewissen gesellschaftlichen Status erreicht hat. Es geht im ganzen irdischen Leben nicht darum, den höchsten Status von allen zu erreichen, sondern für alle Menschen einen gemeinsam ausgeglichen guten Lebensstatus auch leben zu können. Dafür muss man sich aber auch gegenüber allen seinen Mitmenschen bei mancherlei Dingen zurücknehmen und nicht immer einen noch viel größeren Status in der ganzen Gesellschaft anstreben. Ich bin selber ein Mann, aber sage solche Dinge von Männern, was nicht bedeutet, dass alle Männer solche großen Fehlentscheidungen machen, sondern ich spreche hier von Männern, die immer alles in ihrem Leben bekommen haben, weil sie es sich einfach genommen haben und immer alle anderen Mitmenschen aufs Äußerste unterdrückt haben, dabei nicht mehr erkennen können, dass sie kein Opfer sind, aber vielmehr schon längst zum permanenten Täter sich herangezüchtet haben. Sind wir mal ehrlich, wenn ich sage, dass der Mann komplett dumm entscheidet, dann habe ich bestimmt zu 60 – 70 % recht damit. Die allerletzte Entscheidung hat fast auf der ganzen Welt Erde immer der Mann und wir brauchen uns nur einmal weltweit anschauen, wo es genau überall in der ganzen Gesellschaft der ganzen Bevölkerung eines jeden Landes für alle gleich gut mit guten und gesunden Lebensbedingungen und für alle gleich zu leben ist, obwohl niemand gleich wie der andere ist. Ich finde kein einziges Land auf dem ganzen Planeten Erde, wo nicht die Unterdrückung der Bevölkerung vorherrschend auch herrscht. Wenn wir alle aufhören, von den Menschen zu reden, die in ihrem Leben bei Weitem mehr an Reichtum bekommen haben und es sozusagen geschafft haben, dann können wir alle einmal anfangen, von den Menschen zu sprechen, die es wirklich im Leben geschafft haben, weil sie einfach einfach geblieben sind und zu allen ihren Mitmenschen immer mit aufrichtiger Nächstenliebe ihr ganzes Dasein gelebt haben, damit wir alle irgendwann es verstehen können, dass wir alle alles nur gemeinsam schaffen können, uns immer gut weiterzuentwickeln, ohne dass da der ewige innerliche Stillstand seine ganze Negativität in uns drinnen ausbreiten kann und alle unsre guten Sinne betäubt, sodass wir keine guten Entscheidungen mehr machen können. Wann genau hat man es in unserem irdischen Leben geschafft? Wenn man es geschafft hat, ein zu 100 % guter Mensch zu sich selber und zu allen anderen Mitmenschen und Lebewesen zu sein. Wenn man das Leben nur liebt, hat man es aber noch nicht geschafft, denn es gehören alle guten Lebenseigenschaften dafür auch dazu. Wenn es ein Mensch geschafft hat, dann erst beginnt das ganze irdische Leben zu leben, weil einem erst dann alles, was nicht zu einem guten Leben dazugehört, auch erkannt wird, weil man ganz genau weiß und versteht, wie ein gutes Leben zu sein hat, damit es immer weiter gut leben kann. Wenn es im irdischen Leben nichts mehr zu bekritteln gäbe, dann wäre das ewig gute Leben schon auf der ganzen Welt Erde vorhanden und man würde Sachen und Dinge leben können, die jetzt immer noch als Fiktion gelten und sogar gar nicht vorstellbar sind. Denk dran, dass sich alles Gute immer Schritt für Schritt gut weiterentwickelt, um immer noch bessere Lebensbedingungen für das ganze irdische Leben zu erkunden und für das ganze irdische Leben auch zu gestalten. Ich arbeite nicht gegen das ganze irdische System, doch wenn man die Dinge, Anschauungen, Gegebenheiten und vor allem die momentan vorhandenen Lebensbedingungen immer in den vollen Hintergrund spricht, weil immer auch dann gar nichts mehr zur Geltung gebracht wird, was aber im Vorhinein gesagt wurde, dann ist das eine pure Lüge gegenüber allen anderen und sich selber. Es bringt mir absolut gar nichts, wenn ich immer auch alles von den anderen Mitmenschen kritisiere und genau das würde mir auch niemals zustehen, denn dann wäre ich ein schlechter Mensch, denn wer seinen anderen Mitmenschen nicht die Chance gibt, dass sie ihr eigenes irdisches Leben selber entscheiden können, der ist abgrundtief schlecht zu sich selber und zu allen seinen Mitmenschen. Etwas, das wahrhaft gut ist, das fördert auch alle anderen Mitmenschen, weil es gut ist, und alles Schlechte zerstört immer den ganz guten Lebensfluss, der mit schlechten Lebenseigenschaften immer von Neuem komplett unterbrochen wird, weil alles Schlechte den guten Zusammenlebensfluss komplett unterbricht, bis sich alle Beteiligten aufs Äußerste bekriegen, weil sie sich immer und dann permanent alle möglichen Kleinigkeiten an den Kopf werfen, aber keiner mehr Einsicht zeigt, da auch keiner mehr den Durchblick hat. Umso mehr die ganzen regierenden Politiker im Vorhinein versprechen, desto weniger kommt dann nach der Wahl an guten Übersetzungen zustande, denn da die ganzen Unterschiede, denen die verschiedenen Parteien nachkommen wollen, größtenteils gar nicht umsetzbar sind, werden mit der gewählten Ernennung einer oder zwei Parteien zur regierenden Regierung immer zur gleichen Zeit alle anderen Wähler im ganzen Land zur vollen Enttäuschung gebracht, weil sie alle die gewählten zwei Parteien gar nicht gewählt hatten. Somit kann man sehr deutlich dabei erkennen, dass dadurch immer zeitgleich in direkter oder indirekter Art und Weise sich auch zwei gegensätzliche Parteien in der ganzen Bevölkerung bilden, die einfach nicht mehr zufriedengestellt werden können, weil die Differenzen zu groß geworden sind.

Keine Regierung schafft es dadurch, komplett gleiche Lebensbedingungen für alle zu schaffen, denn es werden immer wieder Menschengruppen dadurch vernachlässigt und sehr stark benachteiligt. Alles, was die vorhandene Regierung immer auch beschließt, ist nicht für alle Menschen im ganzen Land gut oder fördert ein gemeinsam gutes irdisches Zusammenleben. Jede Regierung wur de dafür gewählt wurde, alles Gute für die ganze Bevölkerung im ganzen Land zu veranlassen und somit die Regierung auch von den Wählern dafür gesehen wird, um für die ganze Bevölkerung des ganzen Landes ein gut florierendes und auch gemeinsam gutes Zusammenleben für alle zu gewährleisten und auch durchzusetzen, aber nicht, damit nach der Wahl dann alles nicht mehr zählt, was versprochen wurde. Und die ganzen Wähler immer nur als Mittel zum eigenen überdurchschnittlich bereichernden Eigenwert und Lebensstil ausgebeutet werden, was kein einziger Politiker von sich selber behauptet, aber auch im selben Zeitpunkt kein einziger Politiker mehr will, dass er sich nach der geschlagenen Wahl im großen Stil um die ganzen Probleme aller anderen zu kümmern hat. Je mehr die ganzen Parteien versprechen, umso weniger wird tatsächlich für alle Menschen im ganzen Land alles gemeinsam gleich gut. Was genau ist die Lösung für dieses schwierige Thema? Ich habe mir darüber Gedanken gemacht, wie man hiermit auch erkennen kann, doch die Lösung steckt immer auch in der ganzen Ursache und deshalb bin ich zu folgendem Denken gelangt, das wiederum nur ein Gedankengang ist. Wenn alle vorhandenen Parteien in der regierenden Regierung enthalten wären und gemeinsam die realisierbarsten guten Ideenvorschläge jeder Partei beim ganzen Regieren miteinbeziehend beachtet würden, dann käme immer auch das aktuelle und notwendig dringende Thema ins gesamte Regierungsprogramm, das dann auch wiederum beschlossen werden kann oder auch vorläufig nicht, aber jedoch noch zu einem anderen Termin für die ganze Bevölkerung beschlossen werden kann. Doch das Verwalten von zu viel Geld macht blind. Das kann man 1:1 sehen. Und ich schreibe es noch einmal, dass zu viel Geld komplett blind macht. Immer wenn der gemeinsam gute Wert bei Menschen verloren geht, dann geht auch alles Gute damit verloren und die Menschen können es nicht mehr verstehen, dass es ihnen viel schlechter ergangen ist als anderen Menschen, obwohl sie nichts falsch gemacht haben. Doch die ganzen verantwortlichen Menschen für dieses unausgeglichene Geschehen können nicht als Mensch glücklich werden, da sie dieses ganze Übel an anderen Mitmenschen bewusst verursacht haben und sich somit auch gegen viele Menschen verschuldet haben. Und weil ich ganz genau sehe, verstehe und weiß, dass jede einzelne Verschuldung im ganzen irdischen Leben vom ganzen irdischen Lebenszyklus auch wieder früher oder später komplett ausgeglichen wird, damit das ganze Gleichgewicht im ganzen Leben wieder ausgeglichen ist. Viele Menschen sind immer und überall permanent damit beschäftigt, dass sie einfach immer Probleme verursachen, bei sich selber, bei anderen und vor allem beim gemeinsamen Zusammenleben. Diese Menschen sind einfach bei allem immer und überall nicht einsichtig, suchen die ganze Schuld immer bei anderen Mitmenschen und wollen ganz bewusst auch andere Mitmenschen immer und überall auch zum Schlechten bringen, damit sie nicht alleine dastehen, obwohl ihnen sowieso jeder Mensch völlig egal ist. Wenn der Mensch sich nicht gut benimmt, dann ist er immer manipulierend schlecht. Das sollte jedem klar sein und schlechte Menschen vergeuden bewusst alles Nötige für ein ewig gutes Leben. Doch solange die ganze Welt Erde nicht fair zu allen Menschen ist, ist das ganze irdische Leben auch nicht fair zu sich selber. Ich sage es nochmal anders, solange das ganze irdische Zusammenleben nicht zu jedem Menschen und Lebewesen fair ist, kann das ganze irdische Leben auch nicht zu sich selber 100 % fair sein. Das ist dann eine Sache der Unmöglichkeit für alles irdische Leben. Somit sind alle guten Versprechen von welcher Regierung auch immer auf der ganzen Welt Erde zu 100 % nicht der Wahrheit entsprechend, sondern eine pure und bewusste Lüge an alle Menschen im Land. Was genau kann da noch übrig bleiben? Ich sage nur noch, alles Gute bleibt übrig, wenn man alles Schlechte ausgegrenzt hat, denn erst dann fallen einem immer mehr gute Lebenseigenschaften auf. Aber was rede ich da, die Menschheit will sowieso nicht zur Vernunft kommen und will gar nicht mehr sehen, vermittelt bekommen oder hören, welche Naturgewalten sich in Zukunft bei der ganzen Menschheit und den Lebewesen auftürmen werden, denn alles, was wir jetzt schon an negativen Gegebenheiten miterleben mussten, wird immer noch schlimmer, solange die ganze Menschheit so unbeeindruckt immer brutaler gegen sich selber und alle Lebewesen vorangeht, weil die Menschheit zwar an einem ihrer eigenen Wendepunkte im ganzen irdischen Leben angekommen ist, aber einfach immer wieder nur schlecht bleiben will. Ein guter Mensch fördert nicht nur sein eigenes irdisches Leben in allem, sondern fördert immer auch gleichzeitig das gute irdische Leben aller anderen Mitmenschen, dass dieser gute Mensch nichts anderes zu tun braucht als seine eigenen guten Absichten auch zu 100% zu leben und auf das irdische Leben zu übersetzen. Wenn es ein gutes irdisches Leben ist, dann machen alle beteiligten Mitmenschen permanent auf ihre unterschiedlich ähnliche Art und Weise mit, weil es ein absolut gutes irdisches Leben in der Sichtweise aller dann wird und ist. Als ich begriffen habe, dass ich nicht der beste Mensch auf der ganzen Welt Erde zu sein brauche, sondern nur ein guter Mensch zu sein habe, habe ich auch begriffen, wie verkehrt sehr viele ihr ganzes Denken darauf abzielen, immer ein noch besserer Mensch zu sein, was wiederum völliger Irrsinn für mich jetzt ist, weil sich das dann immer in eine hierarchische Systemstruktur einfügen lässt, wo immer nur ein einziger Gewinner von vielen ist, der immer ganz oben zu stehen hat, aber auch im gleichen Kontext eine völlige Einzelpersönlichkeit zu sein scheint, aber es niemals sein kann, weil somit alle anderen Mitmenschen, die dann eine untergeordnete Position einzunehmen haben, immer auch eine große Benachteiligung mitzumachen haben. Ich habe mir ca. 200 Seiten für das Buch hier vorgenommen und ich bin nicht mehr weit davon entfernt. Jede Form von Sport ist gut, wenn es nicht im Wettbewerb abläuft, denn jedes Podest ist Sinnbild von dem ganzen menschlichen Versagen der ganzen Menschheit, es nicht verstanden zu haben, dass das ganze irdische Leben auf der ganzen Welt Erde niemals ein wahrhaft gutes Zeugnis davon ist, dass man ein guter Mensch ist, war oder jemals werden kann, wenn man immer und überall permanent besser sein will, als alle anderen Mitmenschen es sind. Sich auf ein Podest zu stellen, bedeutet immer auch für alle anderen Mitmenschen auf der ganzen Welt Erde, dass sie niemals den gleichen Stellenwert erreichen können wie die Spitzensportler dieser Welt Erde. Für mich selber ist das, was ich gerade geschrieben habe, nicht eine Leistungsminderung der erfolgreichen Spitzensportler dieser Welt Erde, sondern vielmehr der ganze Vorwurf, dass ich selber einmal Spitzensportler gewesen bin, aber es einfach nicht schaffen konnte, berühmt zu werden mit dem Sport. Deshalb schreibe ich aber nicht dieses Buch, dass ich einfach nur berühmt werden kann, nein, denn ich schreibe dieses Buch, weil ich dann den ganzen Erlös davon den Menschen zu Teil werden lassen, denen es im ganzen irdischen Leben eben nicht so gut ergangen ist, aber das ist nur mein eigener langersehnter Wunsch, den ich schon sehr lange in mir drinnen reifen ließ. Ich bin einfach kein Einzelgänger, der immer und überall alles alleine macht, obwohl ich sehr lange ein kompletter Einzelgänger gewesen bin, in meiner ganzen und guten Lebensfindung. Warum ausgerechnet ich so ein Buch schreiben kann, ist mir absolut nicht fern, dass ich es hier miteinbeziehe. Es kommt immer darauf an, wie gut ich meine ganze Geschichte auch erzählen kann, ob ich dazu überhaupt in meinem ganzen irdischen Leben jetzt bereit bin, ob ich es liebe, was ich hier tue, ob der absolut gute Sinn dafür auch mit der heutigen Zeit übereinstimmen kann, ob ich nicht nur immer und überall mit meinen Denkweisen überall nur anecken werde, ob es da ein gut gemeinsames Ziel gibt, das ich gerne auch gemeinsam irgendwann zu erreichen gedenke, ob es überhaupt der ganzen Wahrheit entspricht, was ich alles hier schreibe und ob ich es mir damit nicht im Ganzen gesehen viel schlechter machen würde und es nicht gut wäre. Aber es existieren massenhaft viel mehr gute Menschen als Schlechte, denn sonst wären wir alle nicht zu diesem Lebensstandard auf der ganzen Welt Erde gelangt, obwohl immer noch viel zu viel mit schlechten Lebensbedingungen gehandelt wird. Was ich alles dafür gemacht habe, um an so eine vielseitige Erkenntnis gelangt zu sein, ist immer auch die Frage, weshalb bedarf es überhaupt des Ganzen in dieser heutigen Zeit? Weil es mit uns allen nicht mehr so weitergehen kann, weil wir alle mittlerweile schon zu enttäuscht von allem sind, was mit den ganzen irdischen Gegebenheiten zu tun hat, weil es schon fast 90 % aller Menschen zu reichen scheint, weil niemand wirklich unterdrückt werden will, aber das vorhandene System nichts anderes zulässt, weil ich meine eigenen persönlichen Gründe dafür habe, weil ich erst jetzt zu 100 % dazu bereit geworden bin, weil es womöglich sonst niemand anderes so machen könnte, weil ich dazu jetzt berufen geworden bin, weil ich während des ganzen Schreibens einfach gemerkt habe, dass das ganze irdische Leben dafür noch auf dem indirekten Erkennungsweg des ganzen irdischen Lebens alles noch mehr als 1 000 irdische Jahre dauern könnte und ich dafür bin, dass alle Menschen alles in der nächsten Zeit kaputtmachen könnten, was man als irdisches Leben bezeichnet, ob Mensch oder anderes Lebewesen, dann macht das keinen Sinn. Ich hatte einfach keine Lust mehr, mich an dem Ganzen und den schlechten Angewohnheiten aller meiner Mitmenschen zu beteiligen, wenn ich es bereits für mich selber zu 100 % erkennen kann, was an der großen Vielzahl an Schlechtem permanent den ganzen Tag, jeden kommenden Tag lang ablaufen kann. Also frage ich dich, du wertgeschätzter Leser, warum sollte ich mich bei den ganzen laufenden schlechten Angewohnheiten von meinen Mitmenschen mit ebenfalls Schlechtem beteiligen? Damit alles noch viel schlimmer wird? Damit alles noch viel schneller kaputt geht? Damit ich auch im Gruppenzwang immer mehr dabei bin? Damit mein ganzes irdisches Leben immer noch viel schlechter zu leben wird? Oder was genau? Ich habe einfach gesagt keine Lust mehr, dass ich als schlechter Mensch bezeichnet werde von schlechten Menschen, die mir sowieso alles in meinem irdischen Leben vorschreiben wollen. Ich habe einfach keine Lust mehr zu sehen, dass im Fernseher permanent schlechte Nachrichten den ganzen Alltag eines jeden quälen und bis zur Unkenntlichkeit verunstalten. Ich habe einfach keine Lust mehr, dass mir etwas in meinem irdischen Leben vorgeschrieben wird, das sowieso für niemanden wirklich gut ist, aber eben nur noch schlecht. Ich will mich aber auch nicht mit der ganzen Regierung anlegen, doch ich sage nur das, was außer der Regierung selber alle anderen Mitmenschen wahrhaft denken. Somit bin ich schon viel mehr an Masse, denen es nicht mehr reicht, dass sich die ganze Regierung immer nur in der Öffentlichkeit als der Wundertäter der ganzen Nation darstellt, obwohl sie nur der Verwalter von unser aller Geld des ganzen Landes ist, das man Steuergelder nennt und das von allen Menschen im ganzen Land bezahlt wird, weil es ein gemeinsamer Topf ist, aber immer nur die ganz gewissen und speziell wohlhabenden Menschen im ganzen Staat davon profitieren können, da ihnen immer mehr auch noch davon ausbezahlt wird. Du, Regierung, hast bis jetzt noch nicht verstanden, was genau du dir selber an Schlechtem antust, denn du wirst nicht mehr an ein irdisches Leben gelangen können und auf gar keinen Fall wirst du ein ewig gutes Leben erreichen können, da du zu 100 % blind gegenüber allen deinen Mitmenschen geworden bist. Regierung, ich wünsche dir, dass du alles Gute, das du im irdischen Leben darstellst, auch findest, denn dann sind wir alle deine absolut schlechte Lebenseinstellung für immer und ewig los und wir alle können gemeinsam auch gut leben, womöglich dann auch ewig.

Ich dachte immer schon, dass ich nicht in dieses irdische Leben gekommen bin, um dann wieder für immer tot zu sein. Nein, ich bin in dieses irdische Leben gekommen, damit ich ein ewig gutes Leben habe, und deswegen habe ich so lange an mir selber gearbeitet, dass ich das ewig gute Leben auch erreiche, und jetzt habe ich das ewig gute Leben, aber bin völlig anders geworden, als mich alle in meiner ganzen Vergangenheit immer gesehen, gewollt und angesprochen haben. Ist nur komisch, dass ich mit diesem Buch hier auch parallel bewiesen habe, dass ihr alle mich immer komplett falsch gesehen hattet, haben wolltet und angesprochen hattet, als ich in Wahrheit immer schon war, gewesen bin und immer sein werde. Und ich sage jetzt nicht einmal, dass ihr euch dafür schämen sollt, oder dass ich es jetzt irgendjemandem auch noch böse nehmen könnte. Nein, denn dann wäre ich genauso böse, wie ihr zu mir gewesen seid. Das regelt dann für mich und für jeden einzelnen Menschen auch in der parallelen Zeitrechnung immer mit der deftigen Rechnung für alles Gemachte, Gesagte und Gehandelte immer das ganze Leben auf der ganzen Welt Erde. Somit muss mir gar nicht bange sein, dass niemand auf der ganzen Welt Erde nicht zur Rechenschaft gezogen werden würde, denn ich kann es sogar mit meinem inneren Augenlicht erkennen, dass das ganze irdische Leben für alles gelebte auch in gleicher Art und Weise Rechenschaft abzulegen hat und ist da auch nur die winzig kleine Kleinigkeit im ganzen irdischen Leben, dass noch einen schlecht gebliebenen Anteil in der menschlichen Seele hat, dann wird es verloren gehen. Alle, die mir jetzt immer noch etwas Schlechtes nachsagen, um mich bei allem zu unterdrücken, die sind einfach nur mit dem ganzen Schlechten diejenigen, die selber alles Schlechte nicht sein lassen wollen, können oder jemals lassen werden. Warum wohl habe ich jeden kommenden Tag einen guten Tag, aber schon lange keinen schlechten mehr? Weil ich genug Gutes dafür auf das ganze irdische Leben bei mir übersetze, vermittle und auch rede. Für mich ist nicht der Reichtum dieser Welt Erde von Bedeutung, sondern der gute Wert aller guten Menschen und Lebewesen und alles Schlechte ist für mich so uninteressant, wie wenn ich auf die Toilette gehe und mich erleichtere. Nicht das Schlechte bleibt ewig erhalten, sondern alles Gute, weil es unzerstörbar ist. Außerdem habe ich mit diesem Buch hier auch für das ganze irdische Leben alles Gute um ein paar gute Werte weiterentwickelt, nur weil ich alles hier niedergeschrieben habe, und somit ist es zum großen Teil von allem Guten geworden, das sich immer wieder von Neuem auch neu definiert. Viele Menschen denken, dass es ein Leben voller Ungerechtigkeiten und Unausgeglichenheit ist, das wir alle zu leben haben, obwohl das so nicht ganz stimmen kann, denn wenn man sich immer und überall bloß ungerecht behandeln lässt, dann wird es für einen selber auch nicht besser, wenn man sich dagegen zur Wehr setzt und die rechtschaffene Eigeninitiative ergreift, um Selbstjustiz walten zu lassen. Das kapieren dann sehr viele nicht, dass es dann immer besser ist, wenn man sich seinem ganzen Schicksal fügt, weil es ansonsten immer ausartet und für alle Beteiligten in einem großen Schlamassel endet. Wenn man sich dann beim ganzen irdischen Leben zurücknimmt, fallen einem dann auch erst die wahren Gegebenheiten aller auf, die permanent von der ganzen Bevölkerung auch gezwungenermaßen gelebt werden müssen, da kein anderes Lebenssystem ihnen erlaubt, die ganze Wahrheit zu leben. Als ich dann vor mehreren Jahren schon meinen ganzen Lebensstil geändert habe, konnte ich immer mehr an allem Guten meinen ganzen Lebensweg ausweiten, sodass ich alles Gute in meinem irdischen Leben praktisch zu mir geholt habe, um es auch auf das irdische Leben zu übersetzen. Somit bin ich auf mein eigenes und bis jetzt ganzes Gutes gekommen, ansonsten wäre ich schon längst innerlich tot und niemand könnte mir noch helfen, das alles bei mir noch zu ändern. Es ist dabei keine Sache von dem Ganzen, das ich in der Vergangenheit verloren hatte, sondern dabei ging es vielmehr darum, dass ich dadurch erkannt habe, was wirklich im ganzen irdischen Leben von ganzer Bedeutung ist und damit ich mein eigenes ganzes gutes irdisches Leben finde. Alles Gute im irdischen Leben wird erst dann einfach, wenn man alles schwierig Schlechte aus seinem ganzen irdischen Leben verbannt hat und nichts Schlechtes mehr verübt, an sich selber und an allen Mitmenschen. Das irdische Leben ist nicht ungerecht zu allen, die sowieso nicht gerecht zu allen anderen sind, aber einfach nur ganz und gar gerecht zu allem, das existiert, immer in sich ausgeglichen zu sein, gewesen zu sein und für immer und ewig ausgeglichen zu werden. Wer seine ganze und gute Wahrheit auch leben will, will, dass es auch für alle seine Mitmenschen gut ist und nicht nur für sich selber. Wer seine ganze und gute Wahrheit auch leben will, kann sie nur dadurch zu leben beginnen, dass er es auch zu 100 % gut leben will, denn man muss schon auch zu 100 % wollen, ansonsten machen sich immer wieder schwierig selbst verursacht entstehende Lebensgegebenheiten immer wieder einmal bemerkbar, die sich erst dann bei einem im irdischen Leben bilden, wenn man nicht zu 100 % alles Gute an sich gefunden hat. Ich weiß auch, dass ich hier mit diesem Buch vermutlich nicht das bewirken kann, für was es gemacht, geschrieben und formuliert wurde, doch das kümmert mich überhaupt nicht, da ich erkennen kann, dass, selbst wenn ich es nur schreibe, aber es niemand lesen wird, alles Geschriebene davon ins ewig gute Leben übergegangen und somit auch dazu geworden ist, das ewig gute Leben als das Fundament zu erkennen, zu leben und immer wieder von Neuem finden zu können, wie ein direkter Wegweiser zum ewig guten Leben. Es existiert auf der ganzen Welt Erde immer nur ein Leben, das zwei Seiten betrifft, doch jeder Mensch ist permanent immer auf der Suche nach seinem eigenen guten Lebensweg, der immer auch auf die Entscheidungsreihung ankommt, die man für sich und sein eigenes irdisches ganzes Leben trifft und wenn man sich mit seinen ganzen Entscheidungen immer auch für beide Seiten entscheidet, dann kann das ganze irdische Leben niemals auch so gut werden, dass wahrhaft alles am irdischen Leben sich gut anfühlt. Irgendwann wird man sich sehr wohl für eine der zwei Seiten im ganzen irdischen Leben entscheiden müssen, ansonsten macht es das ganze irdische Leben, das die Entscheidung dafür mit sich bringt, denn es kommt dann auch darauf an, was im irdischen Leben auch überwogen hatte. Ich kann hiermit auch gar nichts bewirken, wenn es keiner wahrhaft verstehen kann und alles, was Unstimmigkeit, Unruhe und Verunsicherung verursacht, kennen wir alle immer schon, denn dann brauchen wir nur einmal den Fernseher einzuschalten und uns die Nachrichten dieser Welt Erde anzusehen, was da genau alles immer an Schrecklichem passiert. Umso mehr ich mein ganzes irdisches Leben immer mehr aufgeben musste, weil es für mich immer schwieriger zu werden schien, wurde ich anfänglich immer mehr betrübter, frustrierter und sehr angespannt, denn ich konnte nichts mehr als für mich gut erkennen und auch nicht mehr verstehen. Ich war irgendwann in der Vergangenheit so sehr damit beschäftigt, dass ich mein absolut gutes irdisches Leben irgendwann hoffentlich noch finden würde, denn ich wusste und spürte zu 100 % auch, alles zu verlieren, was ich bin, war und sein werden würde, wenn ich mein ewig gutes Leben nicht suche. Ich verstand die ganze Welt Erde nicht mehr und genau das war der ganze richtungsweisende Zeitpunkt in meinem ganzen irdischen Leben, der mir dann auch alles gezeigt hatte, was mein absolut gutes Leben bedeutet, weil ich merkte, dass ich einen komplett eigenartigen und einzigartigen Lebensweg zu gehen begann. Ich konnte zu keiner schlechten Sache mehr gut gestimmt sein, was mir sehr viel Ärger eingebracht hatte. Es schien mir, als ob immer nur ich selber am meisten vom ganzen Guten erkennen würde, was aber keiner außer mir so schaffte. Und umso mehr ich mich allein auf der ganzen Welt Erde gesehen hatte, weil mich niemand mehr wirklich zu verstehen schien, fing ich permanent an, an mir selber zu arbeiten, es gut zu machen bei allem, was ich tat, und musste immer mehr bei mir selber feststellen, dass alles gar nicht auf einmal auch bewältigt werden kann, weil ich lernen musste, dass alles Erlernen immer nur Schritt für Schritt abzulaufen scheint, aber ich mich gänzlich überall nur noch allein fühlte, da ich zu 100 % merkte, dass mich kein einziger Mensch auch zu 100 % versteht, und somit prägte mich das ganze Gefühl vom Alleinsein. Ich hasste es schon fast und konnte alles nicht mehr verstehen, was mit mir geschehen war, aber immer mehr fühlte ich mich dazu gemacht, um das ewig gute Leben zu finden, denn das wollte ich immer mehr auch und begann permanent bei jedem einzelnen meiner ganzen Schritte danach zu suchen und fand immer mehr.

So vergingen Jahre immer nur mit der Zusammensetzung und der Suche meines ganzen Guten, aber anfänglich konnte ich immer nur sehr wenige Einzelheiten erkennen und lernen, auf das irdische Leben zu übersetzen, denn das ist ebenfalls genauso wichtig wie das Erkennen des Guten. Die ganze Praxis, alles gut Erlernte auch auf das irdische Leben zu übersetzen, half mir dann immer mehr, mich selber anzusehen und als gut zu definieren, denn ich war ein guter Mensch geworden, aber immer und überall ging mir immer eine wichtige Lebenskomponente ab und das hatte mich bis vor Kurzem über 1,5 Jahrzehnte lang beschäftigt und das ganze Befreiungsschreiben konnte ich mit diesem Buch in erster Linie für mich selber ganz vervollständigen, denn ich habe damit auch für alles irdische Leben alles Gute, das momentan zu dieser Zeit herrscht, auch verwirklicht, da ich es aufgeschrieben habe, was genau von größter Bedeutung für ein ewig gutes Leben ist, war und immer sein wird. Somit kann mir niemand den ganzen Wert, den ich hier niedergeschrieben habe, auch bezahlen, denn all dies übersteigt den ganzen irdischen Wert bei Weitem, weil der ganze irdische Reichtum damit auch keinen so großen Wert mehr bekommen hat. Ich bin jetzt einfach glücklich, es für mich und die ganze Welt Erde geschafft zu haben, denn erst jetzt realisiere ich auch zu 100 %, dass ich es hiermit auch für alle meine Mitmenschen auf der ganzen Welt Erde geschafft habe, weil ich dem ganzen Guten eine deutliche Definition, eine Interpretation oder einfach nur eine ganz spezielle Bedeutung gegeben habe, die ewig gut wirken wird. Ich kann jetzt auch erkennen, dass alles, was in meinem ganzen irdischen Leben bis jetzt auch abgelaufen ist, etwas mit mir gemacht hat, dass es mir geholfen hatte, immer wieder einen guten Schritt weiter-

zukommen und ich machte einfach weiter bei allem Guten, bis
ich mich als vollkommen komplett guten Menschen erkennen
durfte, was ich auch weiß, dass ich es bin. Es ist mir auch zu
100 % egal, was man von mir hält, gehalten hat oder halten
wird, denn das alles ist immer nur die ganze unwahre Sichtweise all derjenigen Menschen, die sowieso auch nur schlecht
zu allen anderen Mitmenschen sind und es niemals schaffen
werden, an auch nur etwas klein Gutes zu gelangen, denn kein
einziges schlechtes Leben kann unendlich überleben. Und weil
ich das alles so erkannt habe, habe ich auch erkannt, dass es
auf der ganzen Welt Erde beim ganzen irdischen Leben zu einer Art Aufbruchstimmung zum Guten zu kommen scheint,
da es immer wieder auch zu bemerkenswert wahren und auch
guten Lebensgeschichten zu kommen scheint, die mir auch für
das alles hier sehr viel Kraft geben, damit ich mich nicht mehr
so sehr allein fühle und erkenne, dass das ganz gute irdische
Leben immer mehr auch die oberste Priorität bekommt und es
immer wieder von Neuem gute Menschen gibt, denen das ganze Gute immer mehr auch zur ganzen Lebensbestimmung wird,
damit irgendwann auch die ganz gute Wahrheit allen Menschen
nähergebracht werden wird, um in der guten Gemeinschaft aller Menschen auch ein gleich gutes irdisches Leben zu leben.
Jetzt habe ich ganz stark begriffen, wie weit ich schon im ganzen Guten vorausgegangen bin, und bin auch sehr überwältigt
davon, was alles ich an Gutem jetzt zu erkennen vermag, und
somit überkommt mich eine tiefgehende Freude darüber, im
Guten nicht aufgegeben zu haben und immer weiter an meinen guten Lebensbedingungen gearbeitet zu haben. Doch das
ganze irdische Leben steht noch immer am kompletten Anfang
vom ganzen Guten und deshalb passieren auch noch so viele
schlechte Dinge auf dem ganzen Planeten Erde und seinem
ganzen irdischen Leben, das aber hiermit für das ewig gute Leben bereit geworden ist, weil alles hiervon schon im Raum der
ganzen Welt Erde steht. Es gibt keinen Frieden, ohne dass man
die gute Wahrheit spricht, und die schlechte Wahrheit zerstört
immer alles im ganzen irdischen Leben und alle Beteiligten

verstehen dabei gar nicht, welch großes Unglück sie damit auch auf sich selber laden und stellen sich dann auch noch als Opfer dar, obwohl sie die Täter sind. Es ist nicht immer gleich ersichtlich, wie die ganze Wahrheit zu 100 % aussieht, denn es existieren immer auch zwei verschiedene Wahrheiten auf dem ganzen Planeten Erde bei allem irdischen Leben, denn die eine Seite der ganzen Wahrheit beruht immer nur auf dem guten bewahrenden Lebensweg und die schlechte Wahrheit bezieht sich immer auf einen immer noch sich schlechter auswirkenden Lebensweg, der sich aber immer nur mit Gewalt, Hass, Neid, Eifersucht, Lüge, Zerstörung und Entzweiung im ganzen irdischen Leben aller Beteiligten auswirkt, weil damit das ganze irdische Leben komplett zerstört wird. So kann man aber bei jeder Partei in der Regierung eines Landes immer sehen, wo genau das ganze Problem überhaupt liegt, denn jede einzelne Partei klaut immer auch die guten Ideen der ganzen anderen Parteien, damit sie selber als die beste und einzig wählbare Partei aller Parteien gelten kann. Somit liegt die ganze Problematik in jeder Regierung immer auch in der ganzen Regierungsthemenfindung aller Parteien, denn wenn es eine Partei geben würde, die wirklich alle Themen bei sich vertreten würde, dann wäre diese Partei immer auch die aktuell gewählte Partei. Wenn sich also die ganzen Parteien immer nur selber beklauen bei allen Themen, dann werden auch während der Regierungszeit sehr viele gute Ideen von anderen Parteien übernommen und immer dann nur so dargestellt, als ob die ganzen Ideen immer nur von der eigenen Partei gekommen wären. Dabei wird vergessen, dass alle anderen Parteien auch noch da sind und alles mitbekommen, was da an Lügen an den Tag kommt, und somit kann man einfach nicht gut zusammenarbeiten, wo alle Parteien ihren verdienten Respekt erhalten könnten. Die Menschen müssen verstehen, dass der vorhandene Wohlstand immer als der ausreichende Wert zu bezeichnen sein werden wird, wenn der vorhandene Wohlstand damit bezeichnet wird, dass man eine kleine leistbare Mietwohnung zum Wohnen zur Verfügung hat, sich jeden Tag ausreichend

zu essen und trinken leisten kann, dass man genug zum An-
ziehen zur Verfügung hat und dass vor allem auch alle notwendigen Grundbedürfnisse des Menschen genug versorgt sind,
und zwar das ganze irdische Leben lang und nicht nur für einen kleinen Zeitraum. Aber der ganze überschwellige Reichtum von einer gewissen kleinen Gesellschaft in der ganzen Bevölkerung macht unsere ganze Welt Erde noch dauerhaft kaputt
und es ist schon 5 vor 12 Uhr dafür, doch wenn wir immer noch
länger darauf warten, bis fast nichts mehr wirklich leben kann
auf dem ganzen Planeten Erde, dann können wir alle unseren
einzigen Planeten Erde vielleicht gar nicht mehr retten, dass
noch Leben existieren kann. Also ich persönlich sehe die ganze Welt Erde in maximal 50 Jahren als unbewohnbar und für
Leben nicht mehr geeignet, aber ich kann mich auch irren,
denn Hellseher bin ich keiner, aber ich kann die vorhandenen
Probleme immer als größeres Problem von allen Menschen und
Lebewesen auf der ganzen Welt Erde erkennen und davon meine eigenen Ableitungen erkennen, die es irgendwann in naher
Zukunft einfach nicht mehr zulassen werden können, dass
noch irdisches Leben existieren könnte. Alle Menschen, die
ihren ganzen überschwelligen Reichtum nicht in den nächsten
Jahren und Jahrzehnten aufhören zu beanspruchen, damit
unser aller Planet Erde mit Leben auch in Zukunft erhalten
sein kann, dann werden sich innerhalb von kürzester irdischer
Zeit alles immer mehr mit noch viel schwierigeren Lebensbedingungen immer auch um fast das doppelte auf negativer Art
und Weise verschlechtern und für alle auf der ganzen Welt Erde
verschlimmern. Und auf dieses Szenario wird man überhaupt
keine Lösungen mehr haben werden, weil sich das ganze Negative immer mehr ausbreitet, was dann für das ganze irdische
Leben zu verhindern wäre, weil es irgendwann in naher Zukunft dann auch nicht mehr möglich sein wird, um es zu stoppen. Also ich habe mit den ganzen Klimazielen in naher Zukunft keine Probleme, aber warum wohl? Ich habe mich nie
wirklich damit befasst, um irdisch reich zu sein. Hätte ich das
bei mir gemacht und wäre reich an irdischen Reichtum gewor-

den, dann hätte ich jetzt das ganze Problem, dass mir mein ganzer irdischer Reichtum zu wertvoll zum Hergeben wäre, aber ohne den ganzen irdischen Reichtum könnte ich mich auch nicht mehr auf ein höheres Podest gegenüber allen meinen anderen Mitmenschen stellen, dann hätte ich vermutlich ein Riesenproblem, denn je höher ich mich auf ein Podest gestellt habe, desto größer wird dann mein ganzes Problem bei meinem ganzen irdischen Leben sein. Und dann gehen plötzlich alle irdisch reichen Menschen auf die einfachen Menschen zu und wollen von ihnen wissen, wie man es auf einfachste Art und Weise im ganzen restlichen irdischen Leben noch schaffen kann? Das ist eine spezielle Fragestellung und in der gleichen Art und Weise auch eine spezielle Feststellung. Von nun an zählt nicht mehr, wer das meiste Geld besitzt auf der ganzen Welt Erde, sondern dass wir alle das ganze irdische Leben auf der ganzen Welt Erde am Leben erhalten und da ist das ganze Geld der ganzen Welt nicht mehr hilfreich genug, denn wenn nicht jeder einzelne Mensch auf der ganzen Welt Erde sich zum gemeinsamen Mitmachen bewegt, dann werden wir alle den Countdown zum letzten Atemzug von allen irdischen Lebewesen ablaufen sehen, aber es zu spät auf die ganze irdische Welt Erde zu übersetzen begonnen haben. Also mir persönlich ist es bereits egal und ich lasse es in Zukunft auch darauf ankommen, denn ich habe auch nach meinem irdischen Ableben keine Probleme, für immer und ewig nicht mehr, aber hier mit diesem Buch habe ich auch noch mehr für alles irdische Leben versucht, doch noch zu allen guten Aspekten des ganzen irdischen Lebens zu bringen, obwohl ich ganz genau verstanden habe, dass das ganze irdische Leben in ca. 40 – 50 irdischen Jahren auf dem ganzen Planeten Erde zu bereits 50 % an Wahrscheinlichkeit nicht mehr existieren kann, weil die ganzen Lebensbedingungen auf der ganzen Welt Erde nach dem Kippen des ganzen Gleichgewichtes auf der ganzen Welt Erde, wo die schwierigen und unbewohnbaren Lebensbedingungen prozentual auf über 50 % angestiegen sein könnten und so das ganze lebendige Gleichgewicht auf dem ganzen Planeten Erde auch gekippt sein wird, dann verringern sich auch die Zeitabstände der negativen Gesamtdynamik dramatisch und werden immer negativer für das gesamte irdische Leben, bis die Welt Erde zum toten Planeten werden würde. Für mich ist nun alles komplett klar und für dich nicht, oder? Alles Gute ist erst jetzt ganz zu erkennen, denn bis hierhin konnte ich alles Schlechte komplett ausgrenzen, mit allem, was ich bis jetzt geschrieben habe, doch was alles ist das ganze Gute nun wirklich? Ich kann es euch allen sagen, das, was für mich jetzt alles gut ist, übersetze ich schon eine gewisse Zeit lang auf das ganze irdische Leben von mir und es sieht folgendermaßen aus:

Ich bin ein guter Mensch, weil ich jeden anderen guten Menschen in gleicher Art und Weise respektiere und sein ganzes gutes eigenes irdisches Leben in der gleichen Art und Weise wie mein eigenes irdisches Leben anerkenne.

Ich bin ein guter Mensch, weil ich jeden Menschen genau so gut leben lasse, wie gut es jeder wahrlich gute Mensch pflegt, auch gut zu leben.

Ich bin ein guter Mensch, weil ich mich nicht in die ganzen Angelegenheiten anderer Mitmenschen einmische, weil ich sehe, dass alles Gute durchgesetzt werden wird.

Ich bin ein guter Mensch, weil ich gute Gedanken der ganzen Gemeinsamkeit zu Denken pflege, damit alles Schlechte in mir drinnen keinen Raum erhalten kann.

Ich bin ein guter Mensch, weil die gute Wahrheit mein ganzer Antrieb, Sinn und Lebenszustand ist und weil alles gemeinsam Gute mich im Guten bestärkt, um gut weiter leben zu können.

Ich bin ein guter Mensch, weil ich nichts Schlechtes in meinem ganzen irdischen Leben will.

Ich bin ein guter Mensch, weil ich den guten Wert eines jeden guten Menschen und auch Lebewesens erkenne, sehe und wahrnehmen kann.

Ich bin ein guter Mensch, weil ich alles Schlechte, dass sich in mein ganzes irdisches Leben drängen will, nicht gewähren lasse.

Ich bin ein guter Mensch, weil ich den Frieden auf der ganzen Welt Erde mit guten Lebenseigenschaften leben will.

Ich bin ein guter Mensch, weil ich mich auch gut im irdischen Leben weiterentwickele.

Ich bin ein guter Mensch, weil ich das ganze irdische Leben auf dem Planeten Erde gut miterhalten werde.

Ich bin ein guter Mensch, weil ich in meinem möglichen Bewusstsein innerlich gut bin und auch gut wachsen werde.

Ich bin ein guter Mensch, weil ich mich auch gut auskenne.

Ich bin ein guter Mensch, weil mir jetzt niemand mehr erzählen kann, dass ich ein schlechter Mensch bin, da ich zu 100 % weiß, verstehe, sehe und auch denke, dass ich ein guter Mensch bin.

Ich bin ein guter Mensch, weil ich schon lange damit aufgehört habe, mich in irgendeiner Art und Weise, indirekt oder direkt, selber zu zerstören, weil das meinen ganzen guten Lebenswert mindern würde, bis nichts Gutes mehr bei mir vorhanden wäre.

Ich bin ein guter Mensch, weil ich alles dafür mache, gut zu sein.

Ich bin ein guter Mensch, weil ich gute Ideen habe.

Ich bin ein guter Mensch, weil alles, was ich leben kann, auch einen guten Wert in sich hat.

Ich bin ein guter Mensch, weil ich mich an die ganzen guten Naturgesetze halte, die mein eigenes gutes irdisches Leben gut gewährleisten.

Ich bin ein guter Mensch, weil man erst dann gut ist, wenn man im ganzen irdischen Leben einen guten Wert erkennen kann.

Ich bin ein guter Mensch, weil ich gut sprechen kann.

Ich bin ein guter Mensch, weil ich auch erkennen kann, wenn jemand anderes, also ein anderer Mensch, gut ist.

Ich bin ein guter Mensch, weil ich nicht möchte, dass auch nur ein einziger guter Mensch zu Schaden kommt.

Ich bin ein guter Mensch, weil ich mich an die irdischen guten Gegebenheiten angepasst habe.

Ich bin ein guter Mensch, weil ich das vorhanden irdische Gesamtsystem für alle respektiere, für ein gutes Zusammenleben schätze und mich an die guten Vorschriften darin halte.

Ich bin ein guter Mensch, weil ich immer wieder gute Ideen in mein gemeinsames Zusammenleben einbringe, sodass ein wahrhaft für jeden gleich gutes irdisches Zusammenleben möglich sein kann.

Ich bin ein guter Mensch, weil ich mir keinen irdisch überschwänglichen Reichtum aneignen werde, der bei mir mehr ist, als bei allen meinen Mitmenschen, mit denen ich mein ganzes irdisches Leben über zu tun habe, da es immer nur ein unausgeglichenes irdisches Zusammenleben mit sich bringen würde.

Ich bin ein guter Mensch, weil ich mich mit einer zu 100 % auch zu mir passenden beruflichen Betätigung am gemeinsam guten irdischen Zusammenleben zu beteiligen habe, damit die ganze und auch lebendig gute Lebensdynamik immer am guten und gesunden Wachstum bleibt.

Ich bin ein guter Mensch, weil ich den Wert des guten Menschen als größten Wert sehe.

Ich bin ein guter Mensch, weil ich ein sich im guten Rahmen befindendes einfaches irdisches Leben lebe.

Ich bin ein guter Mensch, weil ich meinen irdischen Körper, meine menschliche Seele oder meinen menschlichen Geist immer gut pflege während meines ganzen irdischen Lebens.

Ich bin ein guter Mensch, weil ich am irdischen Leben keine Manipulationen mache, sondern einfach jeden gesamten Gemeinschaftszustand gut annehme und akzeptiere.

Ich bin ein guter Mensch, weil ich jedem guten Menschen zeige, dass ich auch gut bin, um die ganze und vorhandene Gemeinsamkeit gut zu unterstützen.

Ich bin ein guter Mensch, weil ich ein gutes Herz habe.

Ich bin ein guter Mensch, weil ich die Zusammenarbeit von mehreren guten Menschen immer gut fördere.

Ich bin ein guter Mensch, weil ich gut auf meine ganze Gesundheit achte.

Ich bin ein guter Mensch, weil ich kein tierisches Fleisch esse.

Ich bin ein guter Mensch, weil ich keine Gewalt in mein ganzes irdisches Leben lasse.

Ich bin ein guter Mensch, weil ich die ganzen Ressourcen dieser Welt Erde nicht ausbeute.

Ich bin ein guter Mensch, weil ich gut mithelfe, dass unser aller irdischer Lebensraum auf dem Planeten Erde für die Zukunft aller Lebewesen aufrecht erhalten bleibt.

Ich bin ein guter Mensch, weil ich mich bei keiner aller schlechten Lebenseigenschaften mitbeteilige.

Ich bin ein guter Mensch, weil ich will, dass das ganze irdische Leben gut leben kann.

Ich bin ein guter Mensch, weil ich auch gut leben kann.

Ich bin ein guter Mensch, weil ich keinen guten Menschen unterdrücke, benachteilige oder als minderwertig sehe und weiß, verstehe und erkennen kann, dass das immer nur das Schlechte so macht.

Ich bin ein guter Mensch, weil ich von allem Guten, dass mich selber betrifft, bis jetzt nichts vom ganzen Guten vergessen habe.

Somit wird klar, welch guter Mensch ich mit meiner eigenen guten Gangart geworden bin. Ich konnte jetzt auch begreifen, dass ich immer schon auf dem richtigen irdischen Lebensweg gewesen bin, aber konnte nicht immer gut für mich selber entscheiden und habe dadurch auch in meiner ganzen Vergangenheit immer wieder auch falsche Entscheidungen getroffen, die für mich nicht gut waren und für alle Beteiligten auch nicht. Aber ich konnte es nicht verstehen, denn ich war noch lange nicht so gut, wie ich jetzt geworden bin, doch alle meine schlechten Entscheidungen von früher halfen mir dann auch, für mich die Entscheidung zu treffen, dass ich lieber ein für immer und ewig guter Mensch sein möchte, als dass ich für immer und ewig tot sein würde. Irgendwann in meiner ganzen früheren Lebensgeschichte hatte ich mir gesagt, dass ich irgendwann noch ein gutes Buch schreiben möchte, und erst jetzt in meinem 45. irdischen Lebensjahr konnte ich mein gutes Vorhaben hauptsächlich für mich verwirklichen. Ich bin jetzt sehr glücklich, es für mich geschafft zu haben und mein Buch somit auf das irdische Leben übersetzt zu haben. Ich kann auch erkennen, dass nicht alle Menschen dieser Welt Erde mein ganzes Buch verstehen können werden, aber das liegt nicht in meiner Hand und somit sende ich gute Wünsche aus, damit wir alle es auf der ganzen Welt Erde auch irgendwann zu einem einzigartig verschiedenen Gemeinsamen im guten Miteinander zu allen Menschen schaffen werden, um das ganze irdische Leben für die ewige Zukunft zu gewährleisten, damit wir alle auch immer definierter in allem Guten werden können und unser aller gute Gesundheit erhalten bleibt. Ich wollte in diesem ganzen Buch keinen Menschen verurteilen, denn jeder gute Mensch kann gar nicht verurteilt werden, weil er alles wahrhaft Gute für alles irdische Leben und sich selber auf das irdische Leben übersetzt und weil jede Verurteilung des Menschen immer nur wahrhaft schlechte Menschen den ganzen Tag, jeden Tag und permanent auf das irdische Leben übersetzen, da ihnen der ganze gute Begriff aufgrund ihrer eigenen negativen gesamten Entscheidungen bewusst auch verloren gegangen ist. Ich konnte in diesem ganzen Buch auch für mich gut lernen, dass der ganz gute Sinn des ganzen irdischen Lebens sich niemals irgendwo versteckt, aber doch von sehr vielen Menschen nicht wahrgenommen werden kann, wenn man es ihnen nicht im Guten erklärt, so wie ich es in diesem Buch versucht habe. Außerdem habe ich erkannt, dass jeder Mensch auch wahrhaft zu 100% seine eigene Lebensgeschichte in sich drinnen jeden Moment schreibt, wenn dieser Mensch gut ist; und wenn dieser Mensch schlecht ist, dann fällt das mit dem Lebensgeschichte-Schreiben schon einmal komplett weg, da ein schlechter Mensch in sich drinnen immer weniger Raum vorhanden findet, weil seine ganze Zusammensetzung immer kleiner wird, je mehr bewusst schlechte Lebenseigenschaften dieser Mensch an den Tag legt und auch jeden Tag mit komplett schlechten Lebenseigenschaften lebt. Wer immer noch nicht verstanden hat, welche Menschen als schlechte Menschen gelten und welche Menschen gute Menschen auch wirklich sind, weil sie jeden Moment gute Lebenseigenschaften leben, dem kann es niemand mehr ganz genau erklären, weil man es sich zuallererst selbst im Guten zu erklären hat. Und erklärt man es sich nicht, sondern lebt sein ganzes irdisches Leben immer nur so dahin, dann wird man wohl keinen guten Gedanken mehr entstehen lassen können, weil man ein schlechter Mensch ist. Selbst dann noch ist noch immer nicht alles verloren, solange man noch ein irdisches Leben hat, weil man sein ganzes irdisches Leben zum Positiven auch noch ändern kann, wenn man es zu 100% auch will, was nicht bedeutet, dass man dann schon ein guter Mensch ist, wenn man es nur will. Aber man kann aufgrund des eigenen Willens alles Gute irgendwann auch erreichen und am Menschen ist eben nicht alles immer auch schlecht, solange im ganzen Übergangszeitraum das wahrhaft Gute überwiegt, ansonsten sehe ich dann immer auch weniger Chancen dafür, ein wahrhaft guter Mensch zu sein, zu leben und immer wieder mit ganzer Freude am guten Leben zu sein. Ich denke, dass ich alles Geschriebene auch zu einer eigenen Deutlichkeit gebracht habe, dass ein dringendes gutes Handeln von allen Menschen erforderlich ist. Niemand muss jetzt genau so gut wie ich werden können, denn das ist gar nicht möglich, weil ich so wie jeder gute Mensch eine charismatisch einzigartige Gesamtsignatur vom ganzen Guten mir aufgrund meines ganzen Lebensweges immer mehr angeeignet habe und niemand auf der ganzen Welt Erde einen identisch gleichen Lebensweg aufweisen kann, weil der Mensch immer auch seine ganz eigenen Lebensentscheidungen für sich selber macht, denkt und auch auf das irdische Leben übersetzt. Alle guten Menschen haben überhaupt nichts zu befürchten, weil sie alle sowieso gut sind und alles gut Nötige für jede Lebenssituation erkennen, sehen und verstehen, aber in der ganzen Lebensverbesserungsgeschichte der Welt Erde ebenfalls einen gemeinsam guten Lebenswert erfüllen, ansonsten kann alles eine immer mehr schwierig werdende Gesamtsituation auf der ganzen Welt Erde werden, denn nicht ein einziger Mensch kann dann alle retten, sondern alle können dann nur mehr das ganze irdische Leben vor dem kompletten Untergang auf dem ganzen Planeten Erde retten. Ja, ja schaffen wir alle die ganze Zukunft oder eben nicht mehr? Ich habe erkannt, dass die ganzen Chancen dafür auch sehr gut sind, weil sich das ganze irdische Leben immer schon in der ganzen Bedrängnis vollkommen in ein positiveres irdisches Gesamtleben hin entwickeln konnte, weil wir alle ansonsten niemals so eine moderne Welt Erde mit allen technischen Erneuerungen, die jetzt existieren, auch nicht hätten. Somit lässt sich sehr wohl ein Untergangsszenario immer mehr in den Hintergrund bringen, weil wir alle auch alles in unser aller Hand haben, was mit der ganzen Welt Erde geschehen wird. Ob das dann zum Positiven für alles Leben führen wird, oder auch nicht, ist unser aller ganz bestimmte Bestimmung geworden, was auch zu 100 % zählen muss, um auch mit den ganzen menschengemachten Lebensbedingungen jetzt auch zu leben, so wie es die ganze Menschheit auch für sich und alles irdische Leben entscheidet. Die ganze Menschheit ist schon bei allem auf der ganzen Welt Erde zu einem Lebewesen herangewachsen, das schon viel einflussreicher geworden ist, als es in seiner ganzen Entstehungsgeschichte Einfluss nehmen konnte. Sodass man einen kompletten Wendepunkt des ganzen irdischen Lebens auch erwarten kann, da die Menschheit jetzt die selbst gemachten negativen Auswirkungen auch sich selber schon einmal zuschreiben kann, um weitere fatale Fehler zu vermeiden, die sich auch weltweit auszuwirken können und wie gesagt auch von Menschen gemacht sind, dann zeugt das Ganze schon dafür, dass die ganze Menschheit bereits immer mehr nötige Maßnahmen einführen möchte, um die absolut letzte Tragödie des ganzen irdischen Lebens in naher Zukunft zu verhindern. So liegt es auch alles, was weltweit für die gesamten irdischen Lebewesen beschlossen wird, was auch am umgesetzten Laufen gebracht wird damit das ganze Überleben für die Zukunft gesichert ist. Wie wohl könnte ich all die ganzen Formulierungen von hier formulieren, wenn ich ein schlechter Mensch wäre? Somit hat jeder Mensch auch seine eigene gute Bestimmung in seinem ganzen irdischen Leben, der jeder Mensch auch auf gute Art und Weise irgendwann im irdischen Leben nachkommen sollte, damit man nicht irgendwann allein im eigenen Boot sitzt, das bereits zu sinken droht, denn wir alle Menschen sollten immer auch im selben und auch größten Boot sitzen können. Die ganze Welt Erde verändert sich ab jetzt immer nur so, wie wir alle Menschen auch so wollen und warum nicht, dass alles für alle Menschen auch gut werden sollte? Schlecht war es alles schon gestern, aber heute soll es für alle gut sein und wer das nicht so versteht, wird es wahrscheinlich nie wirklich verstehen können, erst wenn es schon vielleicht für alle zu spät ist, oder? So, ich habe jetzt schon mein Ziel hier mit diesem Buch vollständig erreichen können, da ich auf der Zielseite mit der Nummer 223 angekommen bin und kann nur noch sagen: „Alles, was einen Anfang hat, hat auch ein Ende und das Ende von allem Schlechten ist gekommen, weil alles irdische Leben den Anfang von allem Guten erreicht hat und am Ende von allem Guten, das wahre gute Leben erreichen wird."

Der Autor

Werner Reinhard Schernthaner, 1977 in Zell am
See geboren, beginnt seinen beruflichen Weg an
der Skihandelsschule, woraufhin er sich mit dem
Skispringen in die Welt des Sports wagt. Anschließend findet er sich im Möbelverkauf wieder, später
dann als NATO-Soldat. Nach seiner Zeit im Militär
ist er als Staplerfahrer und Arbeiter in unterschiedlichen Branchen tätig, stets auf der Suche nach
einem erfüllten Leben.
Parallel zu seinem beruflichen Werdegang entdeckt
Schernthaner seine Liebe zum Schreiben. Als er
erkennt, dass dies zu seinen besonderen Fähigkeiten gehört, wagt er im Jahr 2022 den Sprung in
die schriftstellerische Welt. Seine Motivation dazu
fußt auf dem Wunsch, sein eigenes gutes Leben zu
gestalten und dabei andere an seinem Weg zum
ewig guten Leben teilhaben zu lassen. Schernthaner hat nicht nur in verschiedenen beruflichen Bereichen, sondern auch in der Kunst des Schreibens
seine Erfüllung gefunden.

Der Verlag

*Wer aufhört
besser zu werden,
hat aufgehört
gut zu sein!*

Basierend auf diesem Motto ist es dem novum Verlag
ein Anliegen, neue Manuskripte aufzuspüren, zu ver-
öffentlichen und deren Autoren langfristig zu fördern.
Mittlerweile gilt der 1997 gegründete und mehrfach
prämierte Verlag als Spezialist für Neuautoren in
Deutschland, Österreich und der Schweiz.

**Für jedes neue Manuskript wird innerhalb we-
niger Wochen eine kostenfreie, unverbindliche
Lektorats-Prüfung erstellt.**

Weitere Informationen zum Verlag und
seinen Büchern finden Sie im Internet unter:

w w w . n o v u m v e r l a g . c o m